Reinhold Krebs | Daniel Rempe

FRESH X

DER GUIDE

NEUE GEMEINDEFORMEN ENTDECKEN

SCM
R.Brockhaus

„Jesus hat nicht ein Buch geschrieben, sondern eine Gemeinschaft gegründet."

– Michael Moynagh[1]

SCM

Stiftung Christliche Medien

Der SCM Verlag ist eine Gesellschaft der Stiftung Christliche Medien, einer gemeinnützigen Stiftung, die sich für die Förderung und Verbreitung christlicher Bücher, Zeitschriften, Filme und Musik einsetzt.

Internet: www.scm-brockhaus.de; E-Mail: info@scm-verlag.de

Gesamtgestaltung: David Lehmann, Böblingen
Druck und Bindung: Finidr s.r.o.

Gedruckt in Tschechien
ISBN 978-3-417-26814-0
Bestell-Nr. 226.814

VIER FRAGEN, DIE ZU FRESH X FÜHREN

Die Zeiten haben sich geändert. Und hätten sich die Zeiten nicht geändert, dann gäbe es keine Fresh X.

In unserer Gesellschaft verringert sich das Wissen über den christlichen Glauben zunehmend. Je nach Umfeld und Kontext kann man nicht mehr davon ausgehen, dass das Vaterunser oder die Zehn Gebote bekannt sind. Zugleich differenziert sich unsere Gesellschaft immer weiter aus – in die unterschiedlichsten Milieus und Lebenswelten mit ihrer eigenen kulturellen Prägung. Das fordert dazu heraus, Gemeinden für diese unterschiedlichen Lebenswelten entstehen zu lassen.

Fresh X sind Antworten auf die Frage, wie es Christinnen und Christen heute gelingen kann, gemeinsam mit ihren Zeitgenossen Glauben zu entdecken und zu leben. Und zwar so, dass er eine Bedeutung für die Mitmenschen hat. Konkret heißt das:

1. Wie erreichen wir die, die wir bisher nicht erreichen?
2. Was haben unsere Mitmenschen auf dem Herzen?
3. Wie glaube ich ab Montag?
4. Wie finden Menschen ein geistliches Zuhause?

Fresh X beantworten auf dem Weg ihrer Entstehung diese vier oder ähnliche Fragen. Dabei gibt es kein Patentrezept, sondern immer nur Antworten, die zur jeweiligen Situation und zu den jeweiligen Menschen passen.

So unterschiedlich diese Antworten in den konkreten Fällen jeweils sein mögen, so haben sie doch eins gemeinsam: Sie alle lassen sich mit den vier Eigenschaften einer Fresh X beschreiben.

Eine Fresh X ist …

1. missional: Sie ist ausgerichtet auf Menschen, die noch keinen Bezug zu Kirche und Gemeinde haben.

2. kontextuell: Sie ist eine neue Form von Gemeinde für unsere sich verändernde Kultur. Sie will ganz in ein bestimmtes Milieu eintauchen, um Kirche und Gemeinde in einem neuen Kontext Gestalt zu verleihen.

3. lebensverändernd: Sie lädt Menschen in die Nachfolge Jesu ein. Persönliche Beziehungen und wachsender Glaube führen zur Lebensveränderung.

4. gemeindebildend: Sie hat das Potenzial, eine vitale Form von Gemeinde zu werden. Sie ist kein Projekt auf Zeit, sondern eine neue Form von Gemeinde, geprägt vom Kontext und vom Evangelium.

In England wurden solche Aufbrüche in der Kirche, die sich bereits vor mehr als zehn Jahren zeigten, seit 2004 unter dem Namen „Fresh Expressions of Church" zusammengefasst sowie aktiv unterstützt. Auch in der deutschen Kirchenlandschaft finden diese Erfahrungen und Impulse mehr und mehr Widerhall. Seit 2011 entwickelt sich ein Netzwerk, das die Entwicklung von „Fresh Expressions of Church", die hier kurz „Fresh X" genannt werden, fördert. Es gibt in Deutschland bereits viele Aufbrüche und Initiativen, die in diese Richtung weisen.

MISSIONAL: WIE ERREICHEN WIR DIE, DIE WIR BISHER NICHT ERREICHEN?

„Mind the gap!" Wer schon mal in London mit der U-Bahn gefahren ist, der kennt diese Durchsage, die dort aus den Lautsprechern schallt, wenn der Zug in den Bahnhof einfährt. „Achten Sie auf die Lücke!" Dieser Warnhinweis soll verhindern, dass Passagiere zwischen Bahnsteigkante und Türschwelle ins Stolpern geraten.

„Mind the gap" will man manchmal auch unseren Kirchen zurufen. „Lasst uns aufpassen, dass wir nicht ins Stolpern geraten an der Kante zwischen dem, wie wir leben, und dem, wie die Menschen leben." Denn viele Menschen fühlen sich fremd, wenn sie die Schwelle zur Kirche oder zum Gemeindehaus übertreten. Sie merken: Das hier ist nicht mein Ort.

Für manche ist die Hürde so groß, dass sie den Schritt über die Schwelle erst gar nicht schaffen. Und wieder andere versuchen es gar nicht erst, weil sie von diesem Schritt nichts mehr erwarten. Von solchen Erfahrungen berichten sowohl die Praktikerinnen und Praktiker als auch die, die diese Praxis erforschen. Viele Menschen werden von den Angeboten, die Kirche und Gemeinden machen, nicht mehr erreicht. Dennoch nehmen die Praktiker und Forschenden wahr, dass ein durchaus beachtlicher Teil unserer Mitmenschen ein Interesse an geistlichen Fragen und Spiritualität hat.

Es gibt sie, die Lücke zwischen der gemeindlichen Wirklichkeit und der Lebenswelt der Menschen. Oft sind wir als Kirche und Gemeinden mit der christlichen Botschaft noch nicht in unserer Zeit und bei den Menschen angekommen. Da ist eine Lücke zwischen der spirituellen Sehnsucht der Menschen und den Angeboten, die die Kirche macht.

Darum: Mind the gap, Kirche! Pass auf, dass du nicht ins Stolpern gerätst. Und vor allem pass auf, dass die Menschen nicht durch dich ins Stolpern geraten. Deine Aufgabe ist es doch, sie auf ihrem Weg des Glaubens zu begleiten.

Fresh X nehmen diesen Warnhinweis ernst. Sie suchen nach neuen Wegen, wie diese Lücke überwunden werden kann. Darum sind Fresh X auf die Menschen ausgerichtet, die noch keinen Bezug zu Kirche und Gemeinde haben.

Die Lücke überwinden

Aber wie gelingt es, diese Lücke zu überwinden? Oder, um die Frage vom Anfang aufzugreifen: Wie erreichen wir die, die wir bisher nicht erreichen?

Die Antwort auf diese Frage findet sich bei den Menschen, die man jeweils im Blick hat. Auch hier gibt es kein Patentrezept, aber drei Grundideen, die Orientierung sein können.

1. Idee: Schwellen abbauen

Hier geht es um die Menschen, die den Schritt über die Schwelle eventuell wagen würden, aber sich zum Beispiel in klassischen Gottesdiensten fremd fühlen.

Wie lassen sich die gemeindlichen Angebote so gestalten, dass diese Menschen sich darin wohlfühlen? Wie heißen wir sie herzlich willkommen? Wie gehen wir auf ihre Bedürfnisse ein? Wie gestalten wir zum Beispiel einen Gottesdienst so, dass sie sich in ihm wiederfinden – mit ihren Themen, ihrem Stil, ihrer Sprache und ihrem Lebensgefühl?

Alles das, was es diesen Menschen schwer macht, sich in einer Gemeinde heimisch zu fühlen, sollte abgebaut werden. Diese Schwellen verhindern meist äußerlich, dass die Nachricht von der Liebe Gottes bei ihnen ankommt.

Die Fachleute reden hierbei vom „attraktionalen Zugang". Denn die Grundidee ist, kirchliche Angebote für Menschen, die aktuell nicht am Gemeindeleben teilnehmen, möglichst attraktiv zu gestalten.

Mit diesem Zugang werden meist die Menschen erreicht, die noch eine positive Haltung zur Kirche haben. Sie bringen vielleicht gute Glaubens- und Gemeindeerfahrungen aus der Jugend mit, haben aber unterwegs den Kontakt verloren. Oder sie nehmen dann und wann mal an den Angeboten der Gemeinde teil, fühlen sich aber nicht wirklich zugehörig. Für sie kann dieser Zugang eine Hilfe sein, um der Gemeinde und dem Glauben noch mal eine Chance zu geben.

2. Idee: Die Schwelle überschreiten

Doch für Menschen, die diese Nähe zur Kirche und zum Glauben nicht haben, wird es nicht reichen, die gemeindlichen Angebote attraktiver zu machen. Für sie ist die Schwelle zur Gemeinde – und damit oft auch zum Glauben – grundsätzlich zu hoch, sodass sie den Schritt gar nicht erst wagen.

Wollen wir diese Menschen erreichen, müssen wir die Richtung ändern. Bei der ersten Idee ging es darum, die Menschen zu uns einzuladen. Bei dieser Idee geht es darum, zu den Menschen hinzugehen.

In ihre Lebenswelt. Und dabei unsere eigenen Schwellen zu überschreiten.

Das kann zum Beispiel so aussehen, dass eine Gemeinde ein spezielles Angebot entwickelt, das außerhalb der kirchlichen Räume stattfindet: ein Gottesdienst in der Kneipe, ein Jugendevent in der Disco, ein Kreativstand auf dem jährlichen Weihnachtsmarkt. Die Idee dabei ist, in der Lebenswelt der Menschen präsent zu sein und so einen Zugang zum Glauben zu bieten.

Eine andere Variante dieser Idee ist, sich sozial im Umfeld der Gemeinde zu engagieren. Wo ist die Not in unserem Stadtteil? Was können wir beitragen, um Menschen außerhalb unserer Kirchenmauer zu unterstützen? Wie können wir das Evangelium mit guten Taten weitergeben? Auch hier überschreitet eine Gemeinde ihre Schwelle und ist mit Gott bei den Menschen.

Mit beidem haben Christinnen und Christen gute Erfahrungen gemacht.

Sie haben erlebt, wie sie mit Gott bei den Menschen auftauchen, wie sie das verändert, wie das die Menschen bewegt und wie Gott, Glaube, Gemeinschaft konkret werden.

Doch dieser Zugang, den die Fachleute den „engagierten Zugang" nennen, birgt auch eine Gefahr und hat eine Begrenzung.

Gefährlich ist, wenn solch ein soziales Engagement oder spezielles Angebot mit einer versteckten Agenda verbunden wird. Wenn es – zumindest hintergründig – darum geht, zu den Leuten zu gehen, um sie dann aber wieder in die bestehenden Angebote zu integrieren. Zugespitzt formuliert: „Wir lassen uns auf dich ein, damit du dann irgendwann so wirst wie wir." Solch eine Haltung stellt das ganze Engagement infrage. Vielmehr ist entscheidend, dass das Engagement nicht Mittel zum Zweck der Mission ist, sondern die Mission selbst.

Die Begrenzung dieser Idee liegt darin, dass Menschen aus einem kirchenfernen Milieu, die so erstmalig mit dem Glauben in Kontakt gekommen sind, kaum einen Zugang zur bestehenden Gemeinde finden. Oft ist der kulturelle Unterschied so groß, dass es ihnen nicht gelingt, in der Gemeinde anzukommen.

Dieser Ansatz funktioniert nicht: „Wir kommen zu euch, holen euch in eurer Lebenswelt ab und begleiten euch dann in unsere." Die kulturelle Barriere ist zu groß und die bestehenden Angebote zu sehr von unserer eigenen Kultur geprägt.

3. Idee: Die Schwelle ganz zurücklassen

Hier setzen Fresh X an. Sie versuchen gar nicht mehr, diesen Weg zurück über die kirchliche Schwelle zu gehen. Sie lassen die Schwelle ganz zurück. Sie gehen in die Lebenswelt der Menschen, hören hin, engagieren sich, entdecken und erproben Glauben und erleben, wie in den Lebenswelten neue kontextuelle Gemeinden und Gemeinschaften entstehen. Sie kommen, um zu bleiben. Sie gehen hin. Aber nicht als einmalige Aktion. Nicht als Event. Sondern als „Umzug" in die Lebenswelt der Menschen.

Dieser Vers ist bei dieser Bewegung das biblische Leitwort: *„Er, der das Wort ist, wurde Mensch und lebte unter uns"* (*Johannes 1,14a*). Gott zieht ein in diese Welt. Er wird unser Nachbar. Er nimmt sich eine Wohnung in meinem Haus.

Und weil wir an seiner Mission teilhaben, tun wir es ebenso. Wir ziehen ein in diese Welt. Wir werden Nachbarn und nehmen uns eine Wohnung außerhalb der Kirchenmauern. Theologisch spricht man dabei vom inkarnatorischen Ansatz. Wörtlich übersetzt heißt Inkarnation „Fleischwerdung" und meint, dass Gott in Jesus einer von uns wurde. Das wird zum Modell für unseren Weg zu den Menschen. Wir werden (wieder) eine oder einer von ihnen. Getreu dem Motto: „Mach´s wie Gott: Werde Mensch."

Diese drei Grundideen helfen, die eigene Antwort zu finden, wie wir die erreichen, die wir bisher nicht erreichen. Alle drei haben ihren Platz – je nach Situation, Kontext und Menschen, die man im Blick hat. Die Erfahrungen von Fresh X haben aber gezeigt, dass der, der sich ganz weit hinausbewegen will, am besten mit der dritten Idee unterwegs ist.

KONTEXTUELL: WAS HABEN UNSERE MITMENSCHEN AUF DEM HERZEN?

Als Charles Darwin seine Evolutionstheorie formulierte, hielt er fest: Nicht der Stärkste einer Art überlebt, auch nicht der Intelligenteste, sondern derjenige, der sich am besten an die Veränderungen angepasst hat.[2] Auch wem Darwins Evolutionstheorie fremd ist, dem kann diese Analogie trotzdem als Hinweis dienen. Denn die veränderten gesellschaftlichen Bedingungen fordern auch uns als Kirche heraus:

- Wie gelingt es uns, den Glauben miteinander zu feiern, wenn nur weniger als 4 % der evangelischen und circa 10 % der katholischen Christinnen und Christen einen normalen Sonntagsgottesdienst besuchen?[3]
- Wie leben wir Gemeinde, wenn die Menschen an dem einen Ort woh-

nen, an dem anderen Ort arbeiten und an einem weiteren Ort ihre Freizeit verbringen?

- Wie reden wir über unseren Glauben, wenn wir immer weniger Wissen über den Glauben voraussetzen können?

- Wie gestalten wir unsere kirchlichen Angebote, wenn die Gesellschaft sich immer mehr in unterschiedliche Milieus aufteilt?

Mit Darwin gedacht kann es nicht gelingen, dass wir Stärke zeigen und Intelligenz beweisen, sondern dass wir uns an diese Veränderungen anpassen. Darum entwickeln Fresh X neue Formen von Gemeinde für unsere sich verändernde Kultur.

Damit diese neuen Formen entstehen, tauchen Fresh X ganz in ein bestimmtes Milieu ein. Sie lassen sich auf die Lebenswelt der Menschen ein. Sie hören hin, suchen, fragen und entdecken, was die Menschen in ihrer jeweiligen Lebenswelt bewegt.

Dabei gehen sie davon aus, dass Gott schon da ist. Er ist bereits anwesend in diesem Kontext. Fresh X spüren die gottvollen Orte in einer Lebenswelt auf. Sie entdecken Gottes Weg mit den Menschen. Darum geht es beim Eintauchen in die Lebenswelt auch darum, zu sehen, was Gott hier bereits tut.

Sie tun das, um Kirche und Gemeinde in einem neuen Kontext Gestalt zu verleihen. Und zwar so, dass sie zu den Menschen passt. Geprägt von ihrem Lebensgefühl, ihren Fragen und ihrer spirituellen Suche. Und so, dass die Menschen Gott entdecken können, ihn lieben lernen und entdecken, wie es für sie sein kann, mit ihm ihren Alltag zu meistern.

Aber wie kann das gelingen? Wie tauche ich in die Lebenswelt der Menschen ein? Wie höre ich ihn? Wie entdecke ich die gottvollen Orte?

Zum Beispiel so …

Die indische Familie und der Schrebergarten

Berlin, Deutschland. Irgendwann im Sommer. Eine S-Bahn bringt Touristen und Einwohner vom Zentrum in einen der Außenbezirke. In dieser S-Bahn sitzt eine indische Familie, die gerade in der Hauptstadt zu Besuch ist. Vater, Mutter und die Kinder beobachten die Häuser der Großstadt, die draußen an ihnen vorbeiziehen. Die Kinder drücken sich die Nasen an der Fensterscheibe platt. Alle saugen die neuen Eindrücke auf.

Auf dem Weg vom Zentrum in die Außenbezirke mischen sich zwischen die

engen Häuserzeilen mehr und mehr Grünflächen. Als die S-Bahn einen Schrebergarten passiert, geht gerade die Sonne unter. Die indische Familie sieht Rentnerinnen und Rentner, die in der Abendsonne ihre Gärten pflegen, Unkraut zupfen, Blumen gießen und Beete harken. Auf den Blechdächern der Gartenlauben, die fein sortiert in Reih und Glied stehen, spiegeln sich die warmen Strahlen der Abendsonne.

Dieses Idyll wird von einem überraschten und begeisterten Aufschrei des indischen Familienvaters unterbrochen. Wild gestikulierend weist er seine Kinder und seine Frau auf die Schrebergartenkolonie hin: „Look, look. They have slums in Germany, too." (Dt. „Schaut euch das an! Auch in Deutschland gibt es Slums.")

Wenn wir aus einem anderen Kontext kommen, dann ist es eine große Herausforderung, den neuen Kontext zu verstehen. Es kann zu Missverständnissen kommen. Ich interpretiere das, was ich im neuen Kontext erlebe, durch die Erfahrungen, die ich in meinem eigenen Kontext gemacht habe.

Der indische Familienvater sieht kleine Hütten, eng aneinandergereiht, manchmal mit Wellblech-Dächern. Woran muss er aufgrund seiner Erfahrung denken? An Slums!

Erst beim genaueren Hinsehen, Nachfragen, Beobachten und Wahrnehmen wird er entdecken, dass dies kein Slum ist, sondern eine Schrebergartenkolonie. Aber das ist nicht im „Vorbeifahren" zu entdecken, sondern erst, wenn er aus der S-Bahn aussteigt und den Bahnhof verlässt. Er musst sich auf den Weg in die Schrebergartenkolonie machen und dort mit den Laubenpiepern ins Gespräch kommen. Und dazu wird er, wenn er nicht schon Deutsch spricht, auch noch mal ihre Sprache lernen müssen.

Aussteigen und hinhören

In einen Kontext einzutauchen, gelingt nicht nebenbei. Die Lebenswelt der Menschen lässt sich nicht im Vorbeifahren entdecken. Wer die Fragen, das Suchen und das Lebensgefühl der Menschen begreifen, erspüren und erleben möchte, der muss aus dem fahrenden Gemeinde-Zug aussteigen. Die gottvollen Orte in der Lebenswelt lernen nur die kennen, die an der nächsten Haltestelle aus dem Gemeindebetrieb aussteigen, den sicheren Bahnhof verlassen und sich auf den Weg in die „Schrebergartenkolonie" machen.

Hingehen, hinsehen und hinhören ist der erste Schritt auf der Fresh X-Reise. Mit dem genauen Wahrnehmen der Lebenswelt beginne ich in den Kontext einzutauchen. Aus diesem Anfang entstehen dann unterwegs mit den Menschen neue, „kontextualisierte" Formen von Kirche.

Ein erster Schritt auf diesem Weg kann sein, sich zu fragen, wo der Ort ist, an den man gehen will. Oder anders gesagt: Was ist unsere „Schrebergartenkolonie"?

LEBENSVERÄNDERND: WIE GLAUBE ICH AB MONTAG?

Mancherorts gibt es sie noch – die Tafeln am Ortseingang, die darauf hinweisen, wann und wo in diesem Ort am Sonntag Gottesdienst gefeiert wird. Nach Konfession sortiert und entsprechend farblich

Gottesdienste Ilmenau By Michael Sander (Own work) [GFDL (http://www.gnu.org/copyleft/fdl.html) or CC-BY-SA-3.0 (http://creativecommons.org/licenses/by-sa/3.0/)], via Wikimedia Commons

markiert. Wie zum Beispiel auf dem nebenstehenden Schild.

Diese Tafeln sind Wegweiser, die den Menschen helfen, die neu in den Ort kommen, einen Weg in den Gottesdienst zu finden. Sie zeigen: An diesem Ort findet kirchliches Leben statt. Und im besten Fall vermitteln sie den Neuankömmlingen: Du bist herzlich eingeladen! Komm gerne zu uns! Am Sonntagvormittag sind wir da.

Dieser Wegweiser ist für viele vermutlich keine Überraschung, denn Gottesdienst findet erfahrungsgemäß am Sonntag statt. Es ist eine Veranstaltung, zu der ich hingehe. Oder eben auch nicht.

Der Apostel Paulus hingegen schreibt in seinem Brief an die Gemeinde in Rom: *„Stellt euer ganzes Leben Gott zur Verfügung. Das sei euer vernünftiger Gottesdienst“* (*Römer 12,1*). Die Hinweistafel, die Paulus hier aufstellt, sieht ein bisschen anders aus als die, die an manchem Ortseingang zu sehen ist. Sein Wegweiser sagt: Gottesdienst findet nicht nur am Sonntagmorgen statt, sondern auch und gerade am Montag, Dienstag, Mittwoch, Donnerstag, Freitag und Samstag.

Es geht um das ganze Leben. Um Sonntag und Alltag.

Und darum sagt sein Wegweiser auch: Der Ort beschränkt sich nicht auf die Kirche oder das Gemeindehaus. Dieser Gottesdienst wird an den unterschiedlichsten Orten „gefeiert“ – auf der Arbeit, beim Bäcker, im Supermarkt, in der Nachbarschaft, im Sportverein, auf der Rolltreppe oder im Bus.

Genau darum gehen Fresh X in die Lebenswelt der Menschen hinein. Dort entdecken sie mit den Menschen, wie dieser Gottes-Dienst im Alltag erlebt und gelebt werden kann. Die Bewegung, die mit den beiden Eigenschaften „missional“ und „kontextuell“ begonnen hat, setzt sich hier fort. Fresh X fragen: Wie kann ich am Montag glauben? Und am Dienstag? Und am Mittwoch? Und an allen anderen Tagen? In diesem Sinne ist eine Fresh X lebensverändernd. Sie lädt Menschen in die Nachfolge Jesu ein. Und unterstützt dabei, Glaube im Alltag kontextuell, authentisch und bedeutsam zu leben.

Es geht darum, gemeinsam mit den Menschen Glauben leben zu lernen. Miteinander zu entdecken, wie die große Geschichte Gottes mit der jeweils persönlichen Geschichte eines Menschen zusammenkommt. Und dabei zu erfahren und einzuüben, wie mich das konkret in meinem Alltag bereichert, prägt, herausfordert, segnet und verwandelt.

Deshalb zeichnet eine Fresh X aus, dass sie ihr Augenmerk hierauf legt und die Menschen im Blick hat, die bisher keinen

Kontakt zur Kirche und keinen persönlichen Bezug zum Glauben haben.

Doch wie kann das gelingen? Wie bekommt ein Mensch Kontakt zum Glauben, der bisher damit nichts zu tun hat? Wie geht eine Person ihren Weg mit Gott, für die der Glauben bisher keine Rolle gespielt hat? Wie beginnt einer authentisch Jesus nachzufolgen, in dessen Alltag Jesus bisher nicht relevant wird? Wie erfährt eine das Wirken des Heiligen Geistes, die bisher kein Gespür für diese Dimension des Lebens hatte?

Auf dem Weg

Die schlichte Antwort darauf lautet: *unterwegs*. Aktuelle Untersuchungen zeigen, dass wir heutigen Menschen in einem längeren Prozess den christlichen Glauben entdecken. Auf diesem höchst individuellen Weg des Glaubens lernen wir, mehr und mehr Jesus zu vertrauen und unserem Glauben im Alltag zu leben. Dabei gehören Umweg, Sackgassen und steinige Wegstrecken dazu. Jede und jeder geht diesen Weg im für sie oder ihn passenden Tempo. Dabei mag es wichtige Weggabelungen und entscheidende Etappen geben, aber der ganze Prozess lässt sich nicht auf einen alles entscheidenden Moment reduzieren. Gelebte Spiritualität wird in unserer Zeit eher als Suche erlebt und gelebt.

„Discipleship is a journey, not a course"

(dt. „Jüngerschaft ist eine Reise und kein Kurs"), heißt es auf der Website der englischen Fresh X-Bewegung. Auch wenn Glaubenskurse auf dieser Reise unter Umständen eine Rolle spielen, bringt dieser Satz diese Grundhaltung auf den Punkt. Die Stärke liegt daran, dass der Einzelne seinen individuellen Weg zum Glauben und mit Gott gehen kann. So bleibt der Glaube keine abstrakte Größe, sondern Gott wird konkret im jeweiligen Alltag erlebt. Entscheidender ist es, diesen Weg mitzugehen, ihn zu begleiten – Stück für Stück, Etappe für Etappe. Und das braucht Zeit – gerade wenn Menschen sich auf diesen Weg machen, für die der Glaube an Jesus Christus bisher nichts bedeutet hat.

Wie kann man diesen Weg mitgehen? Welche Möglichkeiten gibt es, um Menschen auf ihrem Weg mit Gott und zu Christus zu begleiten? Was kann ein Fresh X-Team tun?

Diese Fragen lassen sich nicht allgemein beantworten. Die Antworten müssen einerseits zum jeweiligen Glaubensweg des Einzelnen passen und zugleich auch zum jeweiligen Kontext. Denn darum geht´s ja: im konkreten Kontext zu entdecken, wie ich meinen Glauben leben kann. Das bedeutet für einen alleinstehenden Vater, der neugierig auf den

Glauben geworden ist, etwas anderes als für die erfolgreiche Geschäftsfrau, die danach fragt, wie sie beten lernen kann. Und es bedeutet wieder etwas anderes für jemanden, der aus einem noch anderen Umfeld kommt, in einer anderen Lebenssituation steckt und auf einer anderen Etappe auf seinem oder ihrem Glaubensweg unterwegs ist.

Darum werden sich die Angebote, die eine Fresh X macht, um Menschen auf ihrem Glaubensweg zu begleiten, nach und nach entwickeln. Zum Beginn einer Fresh X wird noch nicht klar sein, wie das konkret aussehen wird. Auch wenn von Beginn an klar ist, dass es einer Fresh X darum geht, Menschen dabei zu unterstützen, ihren Glauben authentisch und relevant zu leben. Eventuell wird es sogar eine Zeit dauern, bis eine Fresh X die Formen und Angebote gefunden hat, die für ihren Kontext und ihre Leute passt. Hier darf experimentiert und ausprobiert werden. Und natürlich auch geschaut werden, wie andere mit diesem Thema umgehen. Die *Ausflugstipps* in diesem Buch können dazu eine Inspiration sein.

Die Frage, die dabei im Hinterkopf immer mitläuft, lautet: Was passt zu meinem Kontext? Oder wie kann ich das für meinen Kontext anpassen?

Und nicht nur im Zweifelsfall gilt die goldene Regel auch bei diesem Thema: Frag die Leute, was sie brauchen!

Sie sind die Experten und Expertinnen für ihren Lebensweg, auch in Sachen Nachfolge. Denn die Verantwortung dafür liegt bei den Menschen selbst – und bei Gott, der bereits wirkt und der durch seinen Geist der eigentliche Begleiter auf diesem Weg ist.

GEMEINDEBILDEND: WIE FINDEN MENSCHEN EIN GEISTLICHES ZUHAUSE?

Auch wenn eine Fresh X den individuellen Glaubensweg eines Menschen im Blick hat, spielt Gemeinschaft auf dem ganzen Entstehungsweg einer Fresh X eine entscheidende Rolle. Meist wird sich ein Team auf den Weg machen, um eine Fresh X zu starten. Gemeinsam gehen sie hinaus, um bei ihren Mitmenschen zu sein. Gemeinsam hören sie hin, auf das, was die Menschen in ihrem Kontext bewegt. Gemeinsam werden sie beten und danach Ausschau halten, was Gott bereits tut. Gemeinsam werden sie Gutes tun und den Menschen dienen. Aus diesem Hingehen, Hinhören, Beten und Dienen entstehen Beziehungen. Sie kommen mit Menschen in Kontakt. Ein Beziehungsnetzwerk entsteht. Und die Gemeinschaft, die mit dem Gründungsteam begonnen hat, wächst.

Durch die Aktivitäten und in der Gemeinschaft entstehen Anknüpfungspunkte, die Menschen helfen ihren eigenen Glaubensweg zu gehen. Begleitung – und damit Beziehung – unterstützt die Menschen dabei, den Glauben authentisch und relevant im Alltag zu leben. Die Gemeinschaft ist dabei ein Nest, in dem der Glaube wachsen kann. Gemeinschaft spielt auf dem Entstehungsweg einer Fresh X von Anfang an eine Rolle. Sie gehört zu ihrer DNA. Das gilt ebenso für den Glaubensweg der Einzelnen.

Wenn Nachfolge Jesu kein Kurs ist, sondern eine Reise, dann braucht man eine Reisegruppe. Eine Gruppe, die einen stärkt und ermutigt, die herausfordert und begleitet. Eine Gruppe, mit der man die Täler auf der eigenen Glaubensreise durchschreitet. Und eine Gruppe, mit der man auf dem Gipfel den Ausblick genießt. Eine Gruppe, die mir Christus zeigt und mir hilft, in meinem Alltag den Glauben zu leben.

Solche eine Gruppe brauchen sowohl die, die sich aufmachen, eine Fresh X zu starten, als auch die, die durch eine Fresh X den Glauben für sich entdecken.

Den eingeschlagenen Weg weitergehen

Doch wo finden die, die durch eine Fresh X erreicht worden sind, solch eine Reisegruppe? Sie finden sie dort, wo sie mit dem Glauben in Berührung gekommen sind. Sie finden sie in dem Fresh X-Team und der Gemeinschaft, die daraus erwachsen ist.

Fresh X sind keine Brücken in bestehende Gemeinden und kirchliche Angebote. Vielmehr geht es auch bei der Frage nach geistlicher Heimat darum, den eingeschlagenen Weg zu den Menschen und mit den Menschen konsequent weiterzugehen. Fresh X sind gekommen, um zu bleiben. Das heißt in diesem Zusammenhang, zu entdecken und zu erleben, wie im jeweiligen Kontext ein neues geistliches Zuhause entsteht.

In diesem Sinne sind sie gemeindebildend. Sie haben das Potenzial, eine vitale Form von Gemeinde zu werden. Dementsprechend sind sie kein Projekt auf Zeit, sondern eine neue Form von Gemeinde, geprägt vom Kontext und vom Evangelium. Dabei hat das Team, das sich auf eine Fresh X-Reise begibt, dies manchmal schon von Beginn an im Blick. Das, was sie starten, hat das Potenzial, eine reife Form von Gemeinde zu sein.

Doch oft passiert es auch, dass ein Team erst nach und nach merkt, was hier gewachsen ist. Manchmal entdecken sie erst durch einen Impuls von außen:

Die Gemeinschaft, die hier entstanden ist, ist Kirche. Nicht die ganze Kirche, aber ganz Kirche.

Ebenso ist es bei denen, die durch die Fresh X beginnen, ihren Weg mit Gott zu gehen. Mehr und mehr werden auch sie entdecken können, dass die Gemeinschaft, zu der sie sich zugehörig fühlen, Kirche ist. Manchmal sogar schneller und direkter als der eine oder andere Kirchenvertreter, der von außen auf die Fresh X schaut.

Gemeindebildung ist prozesshaft. Es geschieht unterwegs. Auf dem Weg, den eine Fresh X geht, entsteht Stück für Stück geistliche Gemeinschaft, eine reife Form von Gemeinde und damit Kirche.

Kirche neu entdecken

Diese fordert uns heraus, Kirche neu zu denken. Manchmal sind mir meine Bilder von Kirche so vertraut, dass ich gar nicht mehr merke, dass es nur meine Bilder sind. Manchmal bin ich zu erfahren darin, wie Gemeinde tickt, dass ich gar nicht mehr wahrnehme, dass sie auch anders ticken könnte.

Wir müssen Kirche neu denken, um diesen neuen Formen von Kirche auch als solche wahrnehmen zu können. Denn auch hierfür mag gelten, was der Prophet Jesaja dem Volk Gottes zuruft: *„Seht hin; ich mache etwas Neues; schon keimt es auf. Seht ihr es nicht?"* *Jesaja 43,19a*.

Kirche ist nicht, Kirche wird! Vielfach haben wir uns daran gewöhnt, wie Kirche ist – wie sie Gottesdienst feiert, welche Angebote sie macht, wie sie Menschen hilft und wie sie den Glauben teilt. Wir haben uns häufig auch daran gewöhnt, wie sie organisiert ist, welche Gebäude sie nutzt und welche Rolle sie am Ort und in unserer Gesellschaft spielt. Doch diese äußere Form – so erprobt und vertraut sie auch sein mag – hat sich entwickelt. Sie ist im Lauf der Geschichte entstanden. Sie ist nicht von jeher so gewesen. Im besten Fall dient sie dazu, dass Menschen ihren konkreten Weg mit Gott gehen können. Doch wie diese Glaubenswege aussehen, ist unterschiedlich – je nach Lebensumfeld, Biografie und Zeitgeschichte. Das Evangelium wird in die jeweilige Situation hinein neu verkündigt. Dort prägt es auf je eigene Weise den Glaubens- und Lebensweg eines Menschen. Ebenso ist es mit der Kirche. Sie entwickelt sich auch immer wieder neu am jeweiligen Ort. Geprägt vom Evangelium und vom jeweiligen Kontext.

Die konkreten äußeren Formen können sich darum wandeln. Sie tun das weniger, wenn die gesellschaftlichen Bedingungen stabil sind. Sie müssen sich aber wandeln, wenn sich das Umfeld verändert. Noch dazu, wenn sich die Lebenswelten so massiv wandeln, wie wir das in den letzten Jahren und Jahrzehnten erlebt haben.

Wenn zum Beispiel der Sonntagmorgen nicht mehr der Tag ist, an dem Menschen in den Gottesdienst gehen, weil das schwer mit ihrer Lebenswirklichkeit zusammenzubringen ist, was hindert es, über andere Gottesdienstzeiten oder Orte nachzudenken? Oder vielleicht sogar noch grundsätzlicher zu fragen, was einen Gottesdienst überhaupt ausmacht und wie sich die ganze Form wandeln kann.

Um diese neuen Formen von Kirche wahrzunehmen, hilft es darum, Kirche weniger von ihren äußeren Formen zu begreifen, sondern mehr von ihrem inneren Wesen her.

Beziehungen sind entscheidend

Dieses innere Wesen ist mit einem Satz von Jesus aus *Matthäus 18,20* auf den Punkt gebracht: *„Wo zwei oder drei in meinem Namen versammelt sind, da bin ich in ihrer Mitte“* (NGÜ).

Kirche ist Gemeinschaft – mit Christus, miteinander und miteinander mit Christus. Kirche passiert, wenn Menschen Jesus begegnen, einander begegnen und im Miteinander Jesus entdecken. Es gibt viele weitere biblische Bilder, die davon erzählen, wie Kirche ist und was sie ausmacht. Und auch in den unterschiedlichen konfessionellen Traditionen sind über die Jahrhunderte hinweg spezifische Kirchenverständnisse entstanden.

Ein Bild von Kirche, in dem diese unterschiedlichen Bilder und Verständnisse Platz haben, stammt vom methodistischen Theologen Michael Moynagh. Inspiriert von einem alten Glaubensbekenntnis beschreibt er die Kirche als Gemeinschaft, die in vier Beziehungsdimensionen lebt.

Die vier Beziehungsdimensionen

- OBEN – in Beziehung mit Gott, dem Vater, dem Sohn und dem Heiligen Geist
- INNEN – als Gemeinschaft, die füreinander da ist
- AUSSEN – gesandt in die Welt, um mit Wort und Tat von Gottes Liebe zu erzählen
- WOHER – verbunden mit der Kirche als Ganzes, in aller Welt und durch alle Zeit

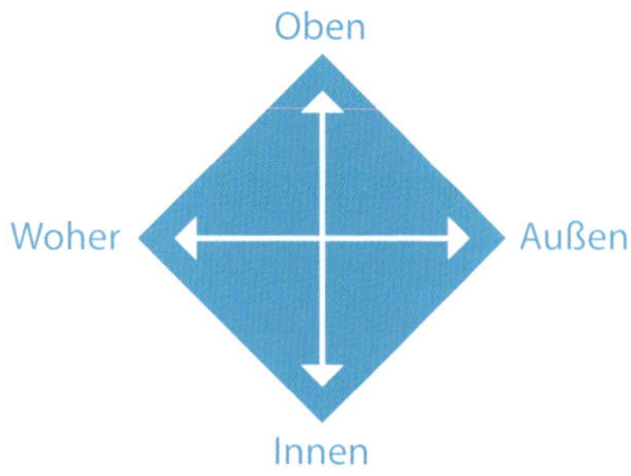

Diese Beziehungen sind entscheidend. Und wie sie ausgelebt werden, liegt am jeweiligen Kontext und der spezifischen Situation. Diese vier Dimensionen sind die inneren Werte. Welche äußeren Formen sie annehmen, kann ganz unterschiedlich sein.

Wie Kirche auch aussehen kann

Wenn diese vier Beziehungen entscheidend sind, dann sind äußere Faktoren einer Fresh X wie Ort, Zeit, Gruppengröße, Stil oder Leitung flexibel – je nach Kontext.

Darum treffen sich Fresh X in Cafés, Sportcentern, Wohnzimmern, privaten Küchen, öffentlichen Plätzen, Jugendzentren, Bauernhöfen oder auch in bestehenden Kirchengebäuden. Kein Ort, an dem es keine Fresh X geben könnte – solange er zum Kontext passt.

Darum trifft sich eine Fresh X nicht zwingend am Sonntagmorgen, sondern vielleicht eher am Sonntagabend. Oder vielfach auch unter der Woche, am Abend oder in der Mittagspause. Und manche haben gar keinen festen Zeitpunkt.

Darum variiert zum Beispiel der Stil der spirituellen Angebote. Von laut bis leise, von traditionell bis modern. Oft sind sie informeller und dialogischer, als wir das zum Beispiel vom traditionellen Gottesdienst gewohnt sind.

Darum sind die Gruppengrößen von Fresh X unterschiedlich. Eine Untersuchung in England hat herausgefunden, dass die durchschnittliche Gruppengröße dort bei 44 Leuten liegt.

Darum wird Leitung nicht nur von Hauptamtlichen wie Pastoren, Pfarrerinnen, Diakonen, Priestern, Gemeindepädagoginnen oder Jugendreferenten wahrgenommen. Ehrenamtliche spielen hier eine prägende Rolle. Und auch Menschen, die gerade erst den Glauben entdecken, können – wenn sie mögen – früh mit in die Verantwortung genommen werden.

Das alles kann helfen, dass Menschen ein geistliches Zuhause finden, das zu ihnen passt und sie in diesem ihren Glauben leben und ihn dann auch wieder mit anderen teilen können.

ABENTEUER FRESH X: WIE ES VOR 2000 JAHREN BEGANN

Wie neu und wie frisch ist Fresh X wirklich? Begann diese Bewegung tatsächlich in London, Sheffield oder Liverpool – oder nicht doch damals im galiläischen Hinterland? Auch wenn die ersten Jünger Jesu noch nichts von „Mixed Economy" gehört hatten, waren nicht die zwölf Trainees, die Jesus um sich versammelt hatte, schon der Zellkern einer „Mission-shaped Church"? Wer *Lukas 10* liest, merkt schnell, dass dies bis heute ein praxisnaher Leitfaden für alle sein kann, die sich in Richtung Fresh X aufmachen.

Haus, Familie und Beruf hatten sie am See zurückgelassen und waren wieder Lernende geworden. Ihren Beruf, das Fischen, oben im See von Galiläa, hatten sie exzellent beherrscht. Aber nun waren sie unterwegs mit diesem Wanderrabbi aus Nazareth. Von Anfang an hatte der klargemacht:

„Ich hab euch herausgerufen und gesammelt, um euch wieder auszusenden" (vgl. Markus 3,14).

Er hatte den Zwölfen versprochen, dass sie dann Apostel sein werden, Gesandte mit einem großen Auftrag. Aus euch Fische-Fischern mache ich Menschen-Fischer. Aber wie sollte das gehen, Menschen zu fischen?

Jesus nahm sie hinein in ein praxisnahes dreijähriges Ausbildungsprogramm. Viel hatten sie unterwegs gehört bei seinen Predigten. Und vieles hatten sie bei ihm ganz praktisch abgeschaut. Sie gingen bei ihm in die Lehre, schon einige Zeit. Und nun begann etwas Neues.

EIN NEUER WEGABSCHNITT

Der Evangelist erzählt vor seinem 10. Kapitel, dass Jesus eines Tages einen neuen Weg einschlägt. Er bricht nach Jerusalem auf. Für ihn sollte es die letzte Reise werden, für seine Jünger der Start zu einer Weltreise – bis an die Enden der Erde, nach Antiochien, Ephesus, Athen und Rom.

Und am Anfang dieser neuen Richtung, die sie jetzt eingeschlagen haben, steht eine neue Herausforderung, ein Praktikum. Zum ersten Mal sollten sie nun selbst ran – nicht nur die Zwölf, sondern auch die 72 aus dem erweiterten Kreis, der mit Jesus unterwegs war.

Meist wird in *Matthäus 28*, dem großen Missionsbefehl, die Geburtsstunde der Mission gesehen. Aber schlägt die Geburtsstunde nicht schon hier? Denn hier geht die größere Lerngemeinschaft rund um Jesus in ihr erstes Missions-Praktikum. Sie wird zum ersten Mal richtig beteiligt an dem großen Auftrag, an der Mission Gottes. Sie wird ausgesandt in die Lebenswelten der Menschen, um sie für das Reich Gottes zu gewinnen. Später wird Jesus zu ihnen sagen: „Wie der Vater mich gesandt hat, so sende ich euch" (*Johannes 20,21b*). Aber die Generalprobe findet bereits hier statt. *Lukas 10* kann als Geburtsstunde einer Kirche gelesen werden, deren Herzschlag die Mission ist:

„Danach bestimmte der Herr zweiundsiebzig andere Jünger und schickte sie zu zweit voraus in alle Städte und Ortschaften, die er später selbst aufsuchen wollte. Er sagte zu ihnen: ‚Die Ernte ist groß, doch es sind nur wenig Arbeiter da. Bittet deshalb den Herrn der Ernte, dass er Arbeiter auf sein Erntefeld schickt. Geht nun! Seht, ich sende euch wie Schafe mitten unter die Wölfe. Nehmt keinen Geldbeutel mit, keine Vorratstasche und keine Sandalen. Haltet euch unterwegs nicht mit langen Begrüßungen auf. Wenn ihr ein Haus betretet, sagt als Erstes: »Friede sei mit diesem Haus!« Wenn dort jemand bereit ist, den Frieden zu empfangen, den ihr bringt, wird der Frieden auf ihm bleiben; wenn aber nicht, wird der Frieden zu euch zurückkehren. Bleibt in dem Haus, in dem man euch aufnimmt. Esst und trinkt, was man euch dort gibt; denn wer arbeitet, hat Anrecht auf seinen Lohn. Geht nicht von Haus zu Haus, um eine andere Unterkunft zu suchen. Wenn ihr in eine Stadt kommt und man euch aufnimmt, dann esst, was man euch anbietet. Heilt die Kranken, die dort sind, und verkündet den Bewohnern der Stadt: »Das Reich Gottes ist zu euch gekommen«'" (*Lukas 10,1-9; NGÜ*).

Es gibt viele kluge und lesenswerte Bücher über Mission, Gemeindeaufbau und Evangelisation. Aber warum nicht einfach noch mal ganz zurückgehen zu unseren Quellen und nach der Missionsstrategie Jesu fragen? Was sagt Jesus hier eigentlich im Blick auf seine Mission, in die er die Jünger mit hineinnimmt? Schauen wir genauer hin, finden wir so etwas wie ein Zehn-Punkte-Programm.

Die Missionsstrategie Jesu

1. Teamarbeit
2. Mit weitem Horizont
3. Fokussiert
4. Sensibilität für die richtige Zeit
5. Gebet hat Vorrang
6. Bittende sein, Bittende bleiben
7. Vom Gehen zum Bleiben
8. Sich bedienen lassen
9. Türöffner erkennen
10. Dienen und Verkündigen

1. Teamarbeit

Bricht man zu einem Abenteuer auf, dann ist es immer gut, zu zweit zu sein. Zu zweit macht es einfach auch viel mehr Spaß. Das betrifft auch das Abenteuer, das hier vor den 72 liegt.

Gerade wenn wir in die Lebenswirklichkeit, Sorgen und Nöte von Menschen eintauchen wollen, dann gilt ganz besonders, dass vier Augen mehr sehen als zwei. Wir brauchen also die Wahrnehmung unserer geistlichen Teamkolleginnen oder -kollegen. Das erhöht unsere Sehschärfe enorm. Nicht ohne Grund haben wir Menschen zwei Augen und können dadurch erst räumlich wahrnehmen und in die Tiefe sehen. Und erst zu zweit können wir noch tiefer sehen und mehr wahrnehmen. Was bewegt diese Menschen im Alltag? Was feiern sie? Welche inneren Barrieren haben sie gegenüber Gott und Glauben? Nach was sehnen sie sich, woran glauben sie und wovon machen sie Gebrauch?

Aber nicht nur beim Hören und Wahrnehmen brauchen wir die Ergänzung durch andere, sondern bei allem, was wir tun. Jeder von uns soll ja gerade die von Gott geschenkte Gabe einsetzen (*1. Petrus 4,10*). Wir sind quasi als Team geboren, wir sind wie ein Leib, der erst im Zusammenspiel der Körperteile richtig funktioniert und wirksam werden kann.

Der tiefste Grund für Teamarbeit in der Mission ist aber dieser: Gerade als Team werden wir etwas von Gott widerspiegeln.

Gott will keine Einzelkämpfer, weil er selbst ja auch keiner ist.

Der dreieinige Gott, der in sich selbst ein Beziehungswesen aus Vater, Sohn und Heiliger Geist ist, der wird am besten durch ein Team repräsentiert und bezeugt.

2. Mit weitem Horizont

Diese 72, die hier genannt werden, gehören nicht zum engsten Jüngerkreis. Von der griechischen Bedeutung des Wortes her sind aber auch sie Gesandte – und damit Apostel. Sie gehören zu den Missionaren der ersten Stunde, die die weitere Wirksamkeit Jesu vorbereiten.

Zahlen haben in der Bibel meist noch eine tiefere und symbolische Bedeutung. So stehen die zwölf Jünger für die zwölf Stämme, für das Volk Gottes. Hier aber geht es über die zwölf, über das Volk Gottes hinaus.

In den Textüberlieferungen finden sich die Zahlen 70 oder 72. Die Zahl 70 erinnert an Mose und die 70 Ältesten, die ihn damals unterstützten bei seinen Aufgaben. Jesus würde sich dann hier als „zweiter Mose" verstehen, der ja für die messianische Zeit verheißen war. Er beruft hier ein richtig großes Team von 70 Mitarbeitenden, die ihm zur Hand gehen. Die Zahl 72 wiederum symbolisierte damals die 72 Fürsten und die 72 Sprachen der Welt. 72 steht also für „weltweit", für „alle Völker". Es würde hier also bereits anklingen, was in *Matthäus 28,19a* steht: *„Darum geht zu allen Völkern und macht sie zu Jüngern."*

Wie auch immer – von Anfang an geht es bei Jesus in die Weite. Das Evangelium hat von Beginn an alle Menschen im Blick. *„Er möchte, dass jeder gerettet wird und die Wahrheit erkennt"* (*1. Timotheus 2,4*).

Im Kirchenkampf des 20. Jahrhunderts – in der Auseinandersetzung mit der nationalsozialistischen Idee des „Völkischen" – formulierten Christen in der 6. These der Barmer Erklärung deshalb, es gehöre zum Auftrag der Kirche, die „Botschaft von der freien Gnade auszurichten an alles Volk"[4]. Alle Völker sind damit im Blick, nicht nur das eigene. Alle Menschen und Lebenswelten sollen erreicht werden, nicht nur die kirchlichen Dunstkreise der bürgerlichen Mitte. Genau hier schlägt das Herz von Fresh X.

Nicht nur die „Kerngemeinde" der Zwölf ist hier also gefragt, weit mehr sollen an der Sendung teilhaben. Es braucht nicht nur die Hauptamtlichen und Experten, es braucht die Vielfalt des Volkes Gottes, damit das Evangelium wirklich „allem Volk" kommuniziert werden kann. Die Botschaft vom Reich Gottes soll nicht nur in kirchlich etablierten Kreisen, Traditionen, Lebensmustern oder Milieus ankommen, sondern in allen Teilsegmenten einer ausdifferenzierten Gesellschaft. Dafür braucht es die vielen in ihrer Vielfalt. Aber es braucht gleichzeitig eine klare Zielorientierung und Fokussierung.

3. Fokussiert

Hatte Jesus eine Strategie, als er durch Galiläa zog? Die Evangelien berichten von vielen scheinbar spontanen Begegnungen, Heilungen und auch Streitgesprächen auf dem Weg. Trotzdem ist es wohl so, dass Jesus einen inneren Plan hatte. Er sendet die 72 „in die Städte und Orte, die er selbst aufsuchen wollte". Nicht überallhin, sondern in genau diese Städte und Orte sollten sie gehen.

Und dann gibt er seinen Jüngern eine Ermahnung mit, die damals so unverständlich war wie heute: „Haltet euch unterwegs nicht mit langen Begrüßungen auf!" Was meint er damit? Nicht zu grüßen, das kam damals einer Beleidigung gleich. Im Orient war Grüßen eine Selbstverständlichkeit. Wer einfach weitereilte, verhielt sich äußerst unfreundlich.

Aber Begrüßungen konnten auch dauern, sie können auch ablenken. Wie leicht verzetteln wir uns, verlieren unser Ziel und unseren Auftrag aus dem Blick. Es geht Jesus sicher nicht darum, dass wir gefühllos und unfreundlich an anderen vorbeihuschen. Aber er will, dass seine Jünger fokussiert sind, in der Spur bleiben. Sein Auftrag hat höchste Priorität und Eile, er ist keine Handlungsoption unter anderen.

Im Alten Testament wird berichtet, dass Elia seinem Diener Gehasi sagte: *„Sprich mit niemandem und wenn dich jemand grüßt, dann reagiere nicht"* (***2. Könige 4,29b***). Damals ging es um eine Totenauferweckung, die keinen Aufschub duldete. Ob das bei Jesus im Hintergrund steht? Das Evangelium zu kommunizieren und das Reich Gottes zu den Menschen zu bringen, so dringend wie eine Totenauferweckung? Jesus sagt ja selbst,

dass der, der zu Gott zurückfindet, sozusagen eine Auferweckung erlebt. *„Denn mein Sohn hier war tot und ist ins Leben zurückgekehrt"*, sagt der barmherzige Vater in *Lukas 15,24a*.

Fokussiert sollen wir bleiben, nicht zu allen und jedem sollen wir gehen.

Welche Menschen haben wir also im Blick, welche hat Gott uns aufs Herz gelegt?

Sind das junge Erwachsene und Studierende oder die Menschen eines bestimmten Stadtteils? Sind das Flüchtlinge und Asylsuchende, sind das ältere allein lebende Menschen oder die Sportler aus unserem Verein? Wo sind genau „die Orte und Städte", zu denen wir gehen sollen?

Und bleiben wir darauf fokussiert? Oder verzetteln wir uns immer wieder in einer Vielzahl von Aktivitäten und Nettigkeiten?

4. Sensibilität für die richtige Zeit

Mission, so heißt es in der Fresh X-Bewegung, bedeutet herauszufinden, was Gott bereits tut, und sich dann daran zu beteiligen. Dieses Verständnis von Mission hat Christen in England neu fasziniert und herausgefordert, eben an dieser Mission Gottes teilzuhaben. In einem südafrikanischen Lied klingt das so: „Lord, whatever you're doing in this season please don't do it without me ..." (dt. „Herr, was auch immer du in dieser Zeit vorhast, tue es nicht ohne mich ...").

Fresh X hat deshalb eigentlich kein Programm. Es gibt kein Patentrezept, Fresh X wird immer etwas Experimentelles haben und es bleibt stets ein Abenteuer mit ungewissem Ausgang.

Christina Brudereck schreibt über die Anfänge von e/motion in Essen und ihr Grundgefühl damals:

Christina Brudereck

„... wir hatten keinen Plan
keine Strategie
keine Konzeption
kein Buch gelesen, außer die Bibel
kannten weder emerging noch fresh expressions
und hatten kein Sinus
wir wussten nicht, dass wir junge Performer sind und Expeditive
wollten nicht mal Gemeinde gründen
wir hatten nur
„alles beginnt mit der Sehnsucht
am Anfang steht immer ein Traum"
wir in Essen hatten eine Sehnsucht
nach Gott
und nach Gotteserfahrung
nach Gott im Pott".[5]

Gerade wo kein Programm und Plan auf dem Tisch liegen, gerade da entsteht

Raum für eine Sensibilität, die danach fragt, was jetzt und hier dran ist. Ein Hunger wird wach, eine große geistliche Offenheit wächst für Gott und für die Menschen. Fresh X lebt von dieser inneren Haltung, die vom Hören und Wahrnehmen bestimmt ist. Das schließt auch eine Empfindsamkeit im Blick auf die richtige Zeit mit ein. Ist Säen jetzt gerade dran – oder schon das Ernten?

Nur in der wirklichen Begegnung mit den Menschen, nur im konkreten Hingehen und Anfangen finden wir das heraus. Immer wieder gibt es dann Überraschungen, manchmal geht es in großen Sprüngen vorwärts, dann stagniert es wieder, manchmal bricht auch eine Entwicklungslinie ab.

Jesus redet in diesem Abschnitt von einer spezifischen Zeit, von der Ernte. Gibt es so etwas wie Jahreszeiten im Reich Gottes? Wird auch hier gesät, auf das Wachsen und Reifen gewartet und irgendwann kommt dann die Ernte? Viele Gleichnisse Jesu nehmen genau diese Gärtner- und Bauern-Erfahrungen auf und beschreiben das Reich Gottes in Jahreszeiten.

Im Johannesevangelium fragt Jesus seine Jünger einmal: *„Meint ihr etwa, dass erst in vier Monaten zum Ende des Sommers die Zeit der Ernte beginnen wird? Schaut euch doch um! Überall reifen die Felder heran und sind schon jetzt bereit zur Ernte" (Johannes 4,35).*

Leben wir heute in einer Zeit der Ernte, in der die Sehnsucht nach Gott wieder wächst und Menschen plötzlich offen werden für sein Reich? In England haben Glaubenskurse in Gefängnissen Hochkonjunktur. Bei uns entstehen viele Gospelchöre. Menschen singen sich dort nahezu in die Botschaft des Evangeliums hinein. Sie erleben etwas von der Begeisterung des Glaubens und finden neue Gemeinschaft. Oder wir erleben vielleicht eine besondere Offenheit bei bestimmten Gruppen von Migranten, in Szenen und Netzwerken von Jugendlichen. Wir brauchen ein Gespür für die Jahreszeiten im Reich Gottes und vor allem dafür, wann es Erntezeit ist.

5. Gebet hat Vorrang

Es gibt viele Imperative in diesem Bibeltext: Geht, nehmt nichts mit, haltet euch nicht auf, sagt, bleibt, esst und trinkt usw. Aber der erste Imperativ ist: *„Bittet den Herrn der Ernte!"* Damit beginnt alles. Auch jedes Fresh X-Abenteuer beginnt so – mit diesem Innehalten, mit dem neuen Ausrichten auf Gott. Wo Gebet Vorrang hat, wo es alle unsere Aktivitäten umschließt, da werden wir im Beten hineingezogen in das, was Gott will. Denn da reden wir ja mit dem Chef selbst, mit dem „Herrn der Ernte". Und wir spüren dann, wie die Sehnsucht Gottes zu unserer wird, wie sich seine Liebe zu den Menschen in uns breitmacht, wie der Heilige Geist uns hineinzieht in die Mission Gottes, die Missio Dei.

Natürlich sind auch strategische Überlegungen wichtig. Und es ist gut, die Lebenswelten zu erkunden und viel Kreativität einzusetzen, wenn es um die Kommunikation der Guten Nachricht geht. Aber die wichtigste Aufgabe für Nachfolger Jesu ist erst mal dieses schlichte Bitten. Damit geben sie näm-

lich auch zu, dass sie das Entscheidende nicht machen können; dass es immer wieder ein Wunder ist, wenn Menschen das Herz für Gott aufgeht.

Wir können viel säen und ackern, aber dass Frucht aufgeht, liegt nicht in unserer Hand.

Deshalb ist das Gebet eine Tat, die durch kein anderes Tun zu ersetzen ist. Und die uns auch aus falschen Grundstimmungen herausholt.

„Alles viel zu viel ..." „Nicht auch das noch ..." Kennen wir diese Sätze, dieses Grundgefühl? Das ist nicht neu. Jesus sagt selbst, dass die Ernte zu groß ist für die Zwölf, eigentlich auch viel zu groß für die 72. Die Größe der Aufgabe und die kleine Kraft der wenigen – das gab es also damals schon. Aber hier führt dieses Ungleichgewicht interessanterweise nicht zur Resignation, hier folgt nicht wie so oft bei uns ein Stöhnen. Hier ist die Folge ein neues Ausstrecken nach Gott. Er kann neue Mitarbeitende berufen und zum Dienen bereit machen. Die Apostelgeschichte und die Paulusbriefe belegen dann später eindrücklich, dass weitere „Arbeiter in der Ernte" ja tatsächlich gefunden wurden, dass Gott weitere Berufungen aussprach. Deshalb gilt das bis heute: „Wendet euch an den Chef, bittet ihn um zusätzliche Mitarbeitende."

6. Bittende sein, Bittende bleiben

„Das Beste ist für das Reich Gottes gerade gut genug", hören wir manchmal. Und da ist viel Wahres dran. Wir sollen mit all unserer Kraft, mit allen unseren Fähigkeiten Gott und die Menschen lieben und ganzen Einsatz bringen. Aber es gibt trotzdem eine spezielle Kompetenz, eine Schlüsselkompetenz für alles Weitere. Es ist die Kompetenz des „Nichthabens". Wir sollen auch zu den Menschen, nicht nur zu Gott, als Bittende kommen und nicht als Besitzende, Überlegene.

Deshalb sagt Jesus seinen Jüngern hier auch nicht, was sie alles mitnehmen sollen in ihr Praktikum. Er gibt ihnen eine Nicht-Packliste, er sagt ihnen, was sie alles dalassen sollen. Sie sollen Geldbeutel und Vorratstaschen und damit alle Absicherungen zu Hause lassen, wenn sie aufbrechen. Jesus macht seine Jünger so zu grundsätzlich Bittenden. Und das tut er ja an vielen Stellen. *„Bittet, und ihr werdet erhalten. Sucht, und ihr werdet finden. Klopft an, und die Tür wird euch geöffnet werden"* (*Matthäus 7,7*).

Eine solche Grundhaltung ist nicht nur gegenüber Gott nötig, sondern auch gegenüber unseren Mitmenschen. Wir sollen nicht auftrumpfen. Wir sollen andere nicht demütigen durch unsere gut gemeinten Geschenke. Wir sollen sie nicht immer nur zu uns einladen, wir sollen nicht immer die Gastgeber sein. Wir sollen den Mut haben, uns wie Jesus zu

„entäußern" (vgl. *Philipper 2,7*), damit wir zu Bittenden werden.

Viele Begegnungen und Gespräche verlaufen dann ganz anders. Gott will uns beschenken durch die anderen, die ihn vielleicht noch gar nicht so genau kennen, aber die trotzdem seine Menschen sind.

7. Vom Gehen zum Bleiben

Jesus sagt in dieser Aussendungsrede zuerst: „Geht hin." Aber dann sagt er auch: „Bleibt dort." Dass neben einer „Komm-Struktur" für Europas Kirchen heute auch eine „Geh-Struktur" nötig ist, ist fast allen Christen klar. Theoretisch zumindest. Spannend wird eine Geh-Struktur dann in der Praxis, wenn es um die Verteilung von Ressourcen und Personen geht. Denn dann stellt sich rasch die Frage, ob das Ganze nur ein Ausflug, eine „Wir gehen kurz mal hin"-Haltung, ist. Denn wirklich zu gehen, wirklich eine Geh-Struktur zu leben, das verändert fast alles. Wollen wir das wirklich?

Die Ergebnisse aus der Milieu-Forschung machen uns heute klar, dass der Weg klassischer missionarischer Gemeindearbeit heute nur noch für wenige passt. Menschen aufzusuchen, sie kurz mal einzuladen und dann zu hoffen, dass sie zu uns kommen und unsere Kultur und Prägung übernehmen, mag früher besser funktioniert haben. Aber so etwas ist noch keine echte Geh-Struktur. Wir gehen dann zwar hin und laden ein, aber am Ende erwarten wir, dass die Menschen zu uns kommen, auf unser Terrain. Und dann sollen sie so werden, wie wir sind, sich uns anpassen. Je verschiedener die Lebenswelten der Menschen aber sind, die wir erreichen wollen, umso weniger wird dieses „Wir gehen kurz mal

hin" funktionieren. Und wir spüren das ja längst auch, wenn wir ehrlich sind. Deshalb ist es wichtig wahrzunehmen, dass Jesus auch sagt: „Bleibt dort!"

Von der „Komm-Struktur" zur „Geh-Struktur" zu gelangen und von der „Geh-Struktur" zur „Bleiben-Struktur" – das ist ein entscheidender Punkt bei Fresh X. Hingehen, um zu bleiben; um Menschen wirklich in ihrer Welt zu begegnen und dort Leben mit ihnen zu teilen, Gemeinschaft aufzubauen und sie zur Nachfolge einzuladen – darum geht es. Und die neuen Formen, in denen dann christliche Gemeinschaft gelebt wird, die sehen dann vielleicht anders aus als die gutbürgerlichen Formen und die traditionellen Programm-Formate, in denen wir zu Hause sind. Aber so, und nur so, entstehen Fresh Expressions of Church.

„Geht – und bleibt in dem Haus", sagt Jesus. Er will, dass seine Jünger sich ganz auf diesen Ort und genau auf diese Menschen einlassen.

Wer im Haus anderer bleibt, der isst, was es dort gibt, der taucht ein in ihre Gespräche, der wird konfrontiert mit ihren Fragen, der beginnt, ihre Träume zu verstehen, der nimmt aber auch Anteil an ihren Ängsten und lernt, ihre Traditionen und Verhaltensmuster zu verstehen.

Das Haus anderer wird ein Stück weit sein Zuhause werden.

Können wir das, so bei anderen zu Hause sein? Das geht nur, wenn wir auch wirklich bereit sind, eine „Erfahrung der Fremde" auf uns zu nehmen. Und die kann manchmal einem Kulturschock gleichen. Aber genau das hat Jesus ja getan. Er ist in die Fremde gegangen. Und wir sollen seine Nachfolger sein. Wir sollen hingehen und bleiben. Tun wir das, dann haben wir teil an seinem Weg, an dem Abenteuer von Krippe und Stall, an Stürmen und Wundern, dann haben wir teil an Verspottung und Leiden, aber wir haben dann auch teil an einem neuen Leben aus Gott und an der Auferstehung. Uns ist kein „Heimspiel" verheißen, sondern ebendieses „Auswärtsspiel".

8. Sich bedienen lassen

Wir sind oft ganz darauf fixiert, anderen etwas zu geben. Aber Jesus will, dass wir uns etwas geben lassen. Wo das Reich Gottes zu den Menschen kommt, ist das nie eine Einbahnstraße, sondern immer ein wechselseitiges Geschehen und somit Austausch und tatsächliche Kommunikation. Nur so sind echte und respektvolle Beziehungen möglich – dienen und sich bedienen lassen.

Gerade postmoderne Menschen haben eine Aversion dagegen, „angepredigt" zu werden. Jesus will echte Begegnung,

echte Kommunikation. Seine Jünger sollen nichts mitnehmen, sie sollen wirklich Gäste sein und keine Selbstversorger, sie sollen die Gastfreundschaft und Fürsorge anderer genießen und sie bewusst zulassen. Im Gegenzug bieten sie Heilung und die gute Nachricht vom Reich Gottes.

Jesus hat sich an vielen Stellen auch bedienen lassen: von der Frau am Jakobsbrunnen mit Wasser (*Johannes 4,7*), vom Oberzöllner Zachäus mit einem Abendessen (*Lukas 19,5*), von Petrus ließ er sich in dessen Boot auf den See Genezareth hinausfahren, um bei seiner Predigt besser verstanden zu werden (*Lukas 5,3*). Solche aktive Beteiligung der Menschen, zu denen wir gesandt sind, ist entscheidend, gerade auch heute.

Wo Menschen ihre Kompetenz einbringen können, verleihen wir ihnen die Würde des Gebens.

Wo wir bereit sind, auch Empfangende zu sein, da öffnen sie sich. Da ist der Skilehrer, der für eine Skifreizeit gewonnen werden konnte, da ist der Koch, den wir für einen Männer-Kochkurs anfragen, oder der Schreiner, der beim Umbau von Räumen mit berät. Werden Menschen ernst genommen, werden ihre Fähigkeiten wahrgenommen, dann geschieht konkrete Wertschätzung. Und das macht offen für persönliche Fragen und Gespräche und öffnet die Tür für einen Austausch auch auf anderen Ebenen. Solche Menschen können dann zu „Menschen des Friedens" werden.

9. Türöffner erkennen

Wie einfach, wie pragmatisch sind die Ratschläge Jesu: Geht einfach los, klopft an die Türen, lebt von Versuch und Irrtum. Wo Menschen euch ablehnen, da macht nicht lange rum, schüttelt den Staub von euren Füßen und zieht weiter. Aber ihr werdet erleben, dass Menschen schon vorbereitet sind von Gott. Ihr klopft, sprecht den Friedensgruß – und dann kommt keine Ablehnung, sondern ein herzliches „Willkommen“. Wer begegnet mir dann in einem solchen Moment? Wörtlich spricht Jesus hier vom „Sohn des Friedens“, der die Türen öffnet, der die Jünger aufnimmt. Der Friede Gottes verbindet die Wandermissionare mit solchen Ortsansässigen. Eine Beziehung entsteht, die von dem Frieden Gottes getragen ist.

„Menschen des Friedens“ spielen ganz offensichtlich eine Schlüsselrolle in der Strategie Jesu. Sie gilt es zu finden, sie sind die Türöffner – und zwar nicht nur für die Boten Gottes. Sie öffnen nämlich auch die Türen in ihre Beziehungsnetzwerke hinein. Wer damals Fremde in sein Haus aufnahm, der nahm sie gleichzeitig mit hinein in den „Oikos“, die Hausgemeinschaft. Das Haus war ja damals alles in einem: Familien-, Lebens- und Wirtschaftsgemeinschaft. „Menschen des Friedens“ bieten also Gastfreundschaft und Begegnungsräume an, und sie öffnen uns die Türen zu ganzen Beziehungsnetzwerken.

Wo finden sich im Neuen Testament solche „Menschen des Friedens“? Denken wir an die Unternehmerin und Purpurhändlerin Lydia, die Paulus und Silas ihr Haus anbietet. Hier versammelt sich später dann eine erste Hausgemeinde (*Apostelgeschichte 16,14f.40*). Denken wir an die beiden Schwestern Maria und Marta, bei denen Jesus öfters zu Gast war und die Jesus vielleicht auch hier ganz konkret im Blick hatte, wenn er von den Orten spricht, zu denen er gehen wollte, zumindest ging er anschließend dort hin (*Lukas 10,38-42*).

Menschen des Friedens – das können Bürgermeister oder die Hausmeister einer Brennpunktschule sein, das können sozial Hochengagierte sein oder der Kiosk- oder Kneipenbesitzer um die Ecke. Entscheidend ist, dass wir eine „Antenne haben“ für solche Menschen und fest damit rechnen, dass Gott schon da ist; dass wir glauben, dass er Menschen schon vorbereitet hat, er uns solche „Türöffner“ zeigen kann und dass diese Menschen Brückenköpfe für sein Reich werden können – und es schon sind.

10. Dienen und Verkündigen

Reden und tun, dienen und verkündigen – das ließ sich schon damals nicht voneinander trennen. Das christliche Wortzeugnis und das christliche Tatzeugnis, das sind siamesische Zwillinge. Wir sollen gute Botschaft bringen, aber auch gute

Botschaft tun und sein. Das sind die zwei Seiten derselben Medaille.

Deshalb entsteht eine Fresh X nur dort, wo aus dem Hören auf Gott auch ein sehr konkretes Tun für die Menschen wird. Ein Dienen in den Spuren Jesu. Heilendes Handeln und die Botschaft vom Heil gehen dann Hand in Hand. Eine Fresh X will immer umfassend das Beste für die Menschen, ob es die konkrete Hilfe für Migranten, das Gebet für persönliche Nöte, das Streichen von Treppenhäusern im sozialen Wohnungsbau, Aktionen zur Versöhnung und Konfliktbewältigung oder die tragende Gemeinschaft für Vereinsamte ist.

Das Evangelium wird bezeugt durch Sprache und auch ohne – das eine hängt untrennbar am anderen.

Wo beides im Blick ist und intensiv wahrgenommen wird – Gottes Wort und der reale Lebenskontext der Menschen –, da wird es immer praktisch: Da wird gedient und geholfen. So gewinnt eine Fresh X ihre Verwurzelung in der Lebenswelt vor Ort.

„Was soll ich für dich tun?", fragt Jesus den blinden Bartimäus in *Markus 10,51*. Ist das nicht eine müßige Frage, wenn dieser doch blind ist? Nein, denn es geht um Beziehung, um eine Liebe zu den Menschen, um Hinhören. Wir wissen eben nicht schon im Voraus, „was für sie gut ist". Wir nehmen ihre konkrete Lebenssituation wahr, wir sind im Gespräch, wir sind Lernende, wir wollen wirklich wissen, was wir hier tun können. Im Dienen wie im Reden soll die Gute Nachricht sichtbar und hörbar sein, soll Jesus erfahrbar werden. Dann ist das Reich Gottes nahe gekommen.

LERNEN VOM ZEHN-PUNKTE-PROGRAMM JESU

In den letzten 2000 Jahren hat dieser Text aus *Lukas 10* immer wieder Menschen berührt. Sie haben den Ruf zum Aufbruch gehört und wollten teilhaben an dieser Sendung. Denken wir an die iro-schottischen Wandermönche. Sie gingen, um zu bleiben, und ihre Klöster wurden zu Lebenszentren für das Reich Gottes. Oder welches Hinhören setzte wieder in der Reformationszeit ein? Es entstand eine neue Sensibilität für Sprache und Lebenskontext der Menschen. Die Lieder und die Bibelübersetzung bezeugen das. Oder denken wir an die Erneuerungsbewegungen der letzten Jahrhunderte bis hin zur Inneren Mission und zu diakonischen Gründungs-Initiativen.

Es war und wird immer ein Abenteuer bleiben, so in der Spur Jesu zu gehen, ganz elementar aus dem Gebet zu leben und die eigenen gewohnten Sicherheiten zurückzulassen, um sich als Bittende auf Menschen einzulassen und in ihr Zuhause und ihre Lebenswelt einzutauchen. Und dann mit Wort und Tat zu bezeugen, dass das Reich Gottes nahe gekommen ist.

Fresh X ist hier nur ein weiterer Abschnitt in der langen Geschichte einer Kirche, die ihre Sendung leben will.

AUSFLUGSTIPPS IN DEN NORDEN

Strandleben, Leuchtturm & Offbeat

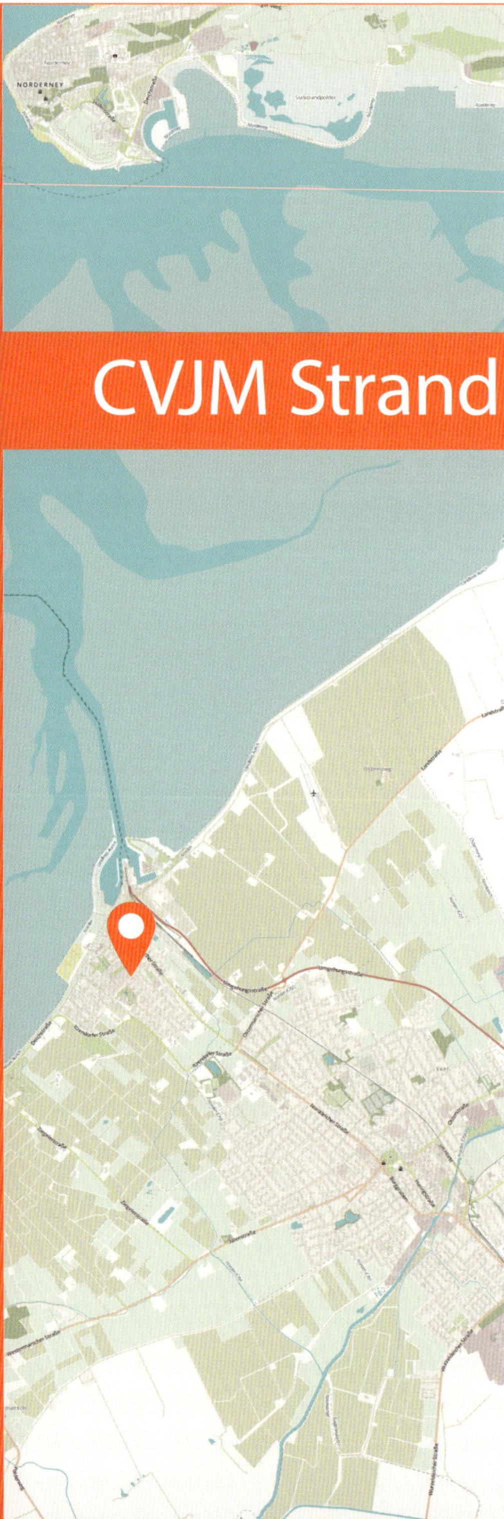

CVJM Strandleben

14–27 Jahre

Sport & Freizeitgestaltung

Städtisches Umfeld

TRÄGER

CVJM Strandleben e.V.

ADRESSE

Sport- und Erlebnishalle „Strandleben“
Alter Dörper Weg 18
26506 Norddeich

HOMEPAGE

www.strandleben.de
CvjmStrandlebenEv

BESONDERS IM BLICK

Besonders im Blick sind junge Menschen von 14–27 Jahren, die Spiel, Sport und Spaß suchen, die Gemeinschaft erleben und mehr über christliche Werte und Themen erfahren wollen. Für sie gibt es „Strandleben", eine Sport- und Erlebnishalle des CVJM Strandleben e.V., die offen ist für Mitglieder, Gäste und auch für Freizeitcamps.

KONKRET

Strandleben ist jeden Dienstag, Donnerstag und Freitag von 15.00 bis 21.00 Uhr geöffnet und bietet Beachvolleyball und Soccer, eine Boulder-Wand, Billard und ein Fitnessstudio. Das Strandcafé ist für Jung oder Alt offen. Im Sommer findet am ersten Sonntag im Monat der Familien-Nachmittag statt.

Momentan gibt es dienstags von 17.00 bis 18.30 Uhr einen Selbstverteidigungskurs und freitags von 19.00 bis 21.00 Uhr einen Jugendkreis mit geistlichen Impulsen. Dort wird auch miteinander gekocht, gesungen und gebetet.

Neben der Halle (1500 qm) hat Strandleben einen Campingbereich (3000 qm) für Freizeiten. Bei offenem Feuer und Gitarrenklängen lassen sich hier Abende in Strandnähe gestalten. Jährliche Höhepunkte sind Zeltcamps, Jugendgottesdienste, christliche Rockfestivals und Sportturniere.

AM ANFANG

Es begann alles mit der christlichen Jugendarbeit am sommerlichen Strand der Nordsee. Immer mehr Jugendliche kamen zu Spiel und Spaß und zum Beachvolleyball. In einer alten Tennishalle am Meer entstand die Vision, wetterunabhängig zu werden und einen geschützten Raum zu haben. Junge Menschen sollten ein geistliches und sportliches Zuhause bekommen, das etwas vom Frieden Gottes widerspiegelt. Mit wenigen Leuten fing es an. Christen wurden mobilisiert und für diese Vision gewonnen. Viele Wunder und Gottes Hilfe markieren den weiteren Weg von Strandleben.

AUF DEN PUNKT GEBRACHT

„Stark im Leben – und das in jeder Lebenslage."

„Die hören zu und helfen, wo sie können."

„Vor Gott sind alle gleich. Bei ihm sind alle willkommen – wie im Strandleben."

DAS TEAM

Das Team trifft sich drei Mal wöchentlich, organisiert die Veranstaltungen oder tauscht sich aus. Gemeinsames Kochen, Trainieren und Beten, aber auch Unternehmungen und Ausflüge stehen auf dem Programm. Die Crew setzt sich nur aus Ehrenamtlichen zusammen, die hoch motiviert sind. Sie bringen ihre musikalischen, sportlichen und kommunikativen Fähigkeiten ein. Strandleben ist als Verein organisiert. Den Vorstand bilden engagierte Christen verschiedener Gemeinden der Stadt Norden.

DAS BESONDERE …

- ist die Lage direkt an der Nordsee.
- ist die riesige Indoor-Beachhalle mit Sand, Palmen und Strandbar.
- ist der Glaube an Gott, der hier durch Spiel, Spaß und Lebensfreude lebendig wird.

EINSICHTEN & ERKENNTNISSE

„Auch die Menschen schätzen, die einen kleinen Dienst übernehmen und nur kurz etwas beitragen.“

„Gott machen lassen und nicht selbst alles entscheiden und organisieren.“

Der Leuchtturm

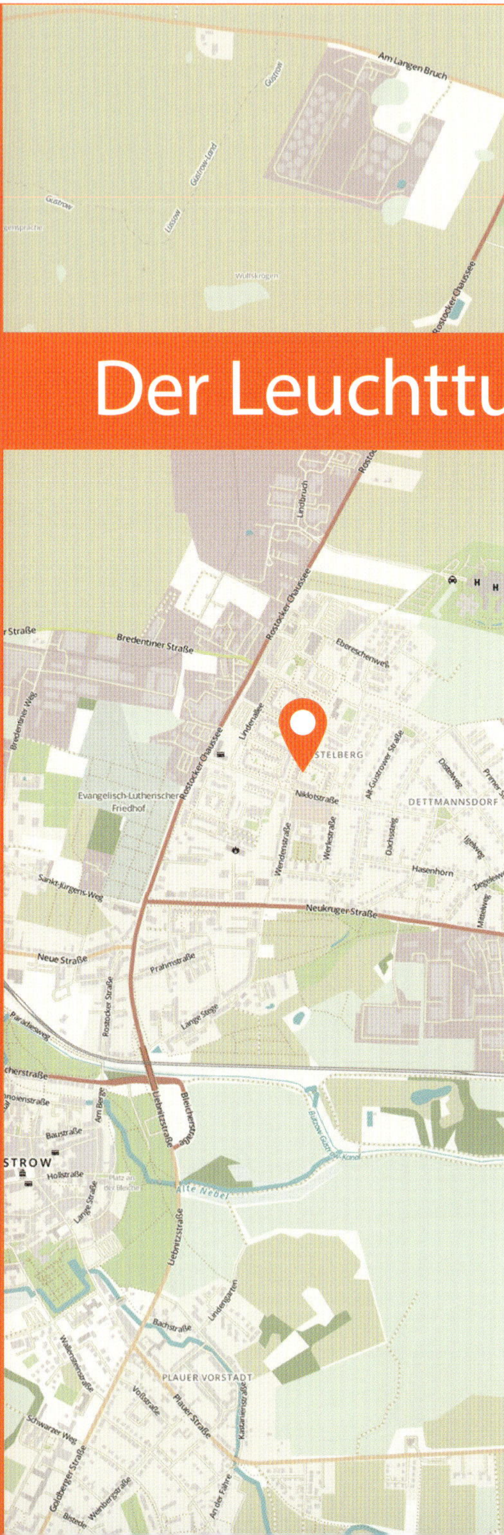

Familien

Freizeitgestaltung

Städtisches Umfeld

TRÄGER

Landeskirchliche Gemeinschaft Güstrow (MGV e.V.)

ADRESSE

Der Leuchtturm
Lärchenstraße 9
18273 Güstrow

HOMEPAGE

www.leuchtturm-guestrow.de
Leuchtturm Güstrow

BESONDERS IM BLICK

Besonders im Blick sind Kinder und Jugendliche sowie deren Eltern aus dem Stadtgebiet „Distelberg", einer Neubausiedlung (Plattenbau), die ein sozialer Brennpunkt der Stadt ist. Die Kinder und Teens besuchen zum größten Teil die Förderschule. Viele der Familiengeschichten sind von Hoffnungslosigkeit, Abhängigkeiten und vielschichtiger Armut – materiell und emotional – geprägt.

KONKRET

Geöffnet ist der Leuchtturm montags bis samstags von 15.00 bis 18.00 Uhr. Zurzeit ist montags ist der städtische Sozialarbeiter im Leuchtturm, dienstags und donnerstags finden ein Gitarrenkurs sowie Gruppenstunden (Kindertreff und Jungschar) statt. Die Teens treffen sich am Dienstag- bzw. Samstagabend.

Kreative, musikalische oder handwerkliche Projekte laufen mittwochs, freitags ist Streetwork angesagt und freitagvormittags treffen sich Eltern im Leuchtturm. Samstags ist der Leucht-Tag mit Spielaktionen und einem evangelistischen Impuls. All dies passiert in zwei kleinen Räumen (40 qm) und auf den Wiesen im Stadtgebiet.

AM ANFANG

Am Anfang gab es kein Konzept, kein Team und auch keinen Raum. Alles begann damit, dass eine Pastorin im Ruhestand mitten in der Plattenbausiedlung eine Freundin besuchte. Während sie auf der Treppe wartete, kam sie mit Kindern ins Gespräch. Sie erzählte ihnen eine Geschichte von Jesus. Das war 2006. Wöchentliche Treffen folgten in verschiedenen Räumen. Die Gruppe der Kinder wuchs. Die Landeskirchliche Gemeinschaft Güstrow wurde um Hilfe gebeten und der Leuchtturm wuchs dann in kleinen Schritten.

AUF DEN PUNKT GEBRACHT

„Ihr strahlt immer so – irgendwie von innen. Das hätte ich auch gerne!"

„Ich bin lieber hier als zu Hause."

„Gehörst du auch nach da drüben? Also da, wo Gott wohnt?"

DAS TEAM

Das Team trifft sich wöchentlich, um Zeit füreinander zu haben, in der Bibel zu lesen und zu planen. Ein Mittagessen gehört auch dazu. Darüber hinaus trifft sich das Team zu regelmäßigen Gebetsabenden im Leuchtturm. Wenn das Schuljahr startet, kommen neue BFDler. Dann finden vermehrt Teamtage statt, um sich kennenzulernen. Das Team besteht aus zwei Hauptamtlichen (150 %) und 2–3 BFDlern sowie aus Ehrenamtlichen, die feste Aufgaben übernehmen. Bei Übernachtungsaktionen, Kinderwochen oder Flohmärkten helfen noch andere mit. Spannend ist, dass fast alle Mitarbeitenden nicht aus Mecklenburg kommen, sondern für die Mitarbeit extra dorthin gekommen sind.

DAS BESONDERE ...

- ist die Entstehungsgeschichte. Gott stellte dem Team Menschen „vor die Nase".
- ist, dass der Leuchtturm ein kleines Projekt geblieben und trotz einer Art „Gemeindestruktur" immer noch flexibel und spontan ist.
- ist, dass Beziehungen unter den Menschen wichtiger sind als Programme.

EINSICHTEN & ERKENNTNISSE

„Es braucht den langen Atem!"

offbeat

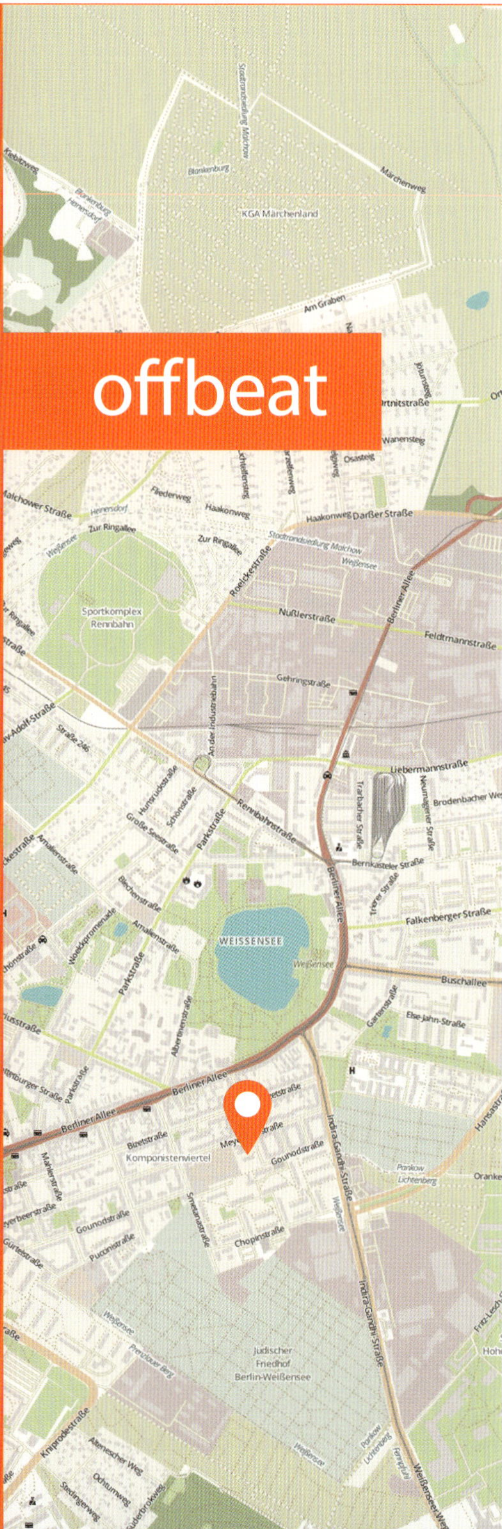

13-35 Jahre

Offene Gruppenarbeit

Städtisches Umfeld

TRÄGER

freestyle e.V.

ADRESSE

Benjamin Loyda
Lindenallee 1
13088 Berlin-Weißensee

HOMEPAGE

www.offbeat-berlin.com

BESONDERS IM BLICK SIND

Besonders im Blick sind 13- bis 35-Jährige aus jugendlichen Subkulturen, vor allem aus der Jump- und Shuffle-, Emo-, Punk-, oder Gothic-Szene. Sie kommen oft aus sozial schwachen und bildungsfernen Milieus, aus zerrütteten Familien und haben nicht selten früh Kontakt mit Drogen. Eine weitere Zielgruppe sind Jugendliche mit solidem Bildungsabschluss, die meist aus der Arbeiterschicht kommen.

KONKRET

Montags findet in Kleingruppen die „Home Session" von 19.00 bis 21.00 Uhr statt, mittwochs gibt es am Alexanderplatz einen offenen Jugendkreis von 18.30 bis 20.30 Uhr und donnerstags den HappyBrunch von 11.00 bis 13.00 Uhr. Samstags ist das Team von 15.00 bis 18.00 Uhr auch am Alexanderplatz präsent. Als weitere Aktivitäten gibt es zudem alle sechs Wochen montags die „Jam Session" (von 18.30 bis 21.30 Uhr), einen evangelistischen Jugendgottesdienst, und alle drei Monate samstags von 22.00 bis 04.00 Uhr die „Hardnight" - eine Clubnacht mit evangelistischer Message.

AM ANFANG

Am Anfang hatte Benni den Traum eines Jugendclubs für die jugendlichen Subkulturen in Berlin. Durch die Präsenz

am Alexanderplatz in der Jump- und Shuffle-Szene entstand bereits 2008 der Wunsch nach einem Ort, an dem diese jungen Menschen Gott begegnen können. Fernab jeglicher religiöser Kultur. Sie sollten Gemeinschaft finden, ihre Fähigkeiten und ihr Potenzial entdecken, sich einbringen können und Selbstbewusstsein tanken.

AUF DEN PUNKT GEBRACHT

„Benni erzählt Geschichten aus der Bibel ganz anders – total spannend."

„Die sind überzeugt von ihrer Sache."

„Das sind die Einzigen, die uns je was über Gott erzählt haben."

DAS TEAM

Das Team lebt vom regelmäßigen informellen Austausch – alle sind beim gleichen Arbeitgeber angestellt. Für größere Events werden gemeinsame Planungstreffen angesetzt. Zum ehrenamtlichen offbeat-Team gehören momentan: Benjamin Loyda (Sozialarbeiter, Evangelist, Projektleitung, Organisation, Öffentlichkeitsarbeit), Annika Schons (Theologiestudentin, Projektleitung, Seelsorge, Organisation, Öffentlichkeitsarbeit), Rahel

Kallmeter (Sozialarbeiterin und Familientherapeutin, Seelsorge), Friederike Fritsch (Psychologin, Seelsorge, Öffentlichkeitsarbeit). Alle im offbeat-Team sind zwischen 25 und 35 Jahre alt.

DAS BESONDERE ...

- ist der offene Jugendclub im Fast-Food-Restaurant am Alexanderplatz mit Essen und Message.
- ist, dass die Jugendlichen in die privaten Wohnungen eingeladen werden und so freundschaftliche, vertrauensstärkende, zuverlässige Beziehungen entstehen.
- ist die Verbindung von weichen Herzen und harten Füßen.

EINSICHTEN & ERKENNTNISSE

„Nicht auf Zweifler, gerade aus dem christlichen Lager, hören."

„Unerschütterlich den Glauben behalten, dass die Menschen, die man jahrelang begleitet, zu Jesus finden."

„Treue in Kleinigkeiten ist keine Kleinigkeit."

GEISTLICHES FERNWEH

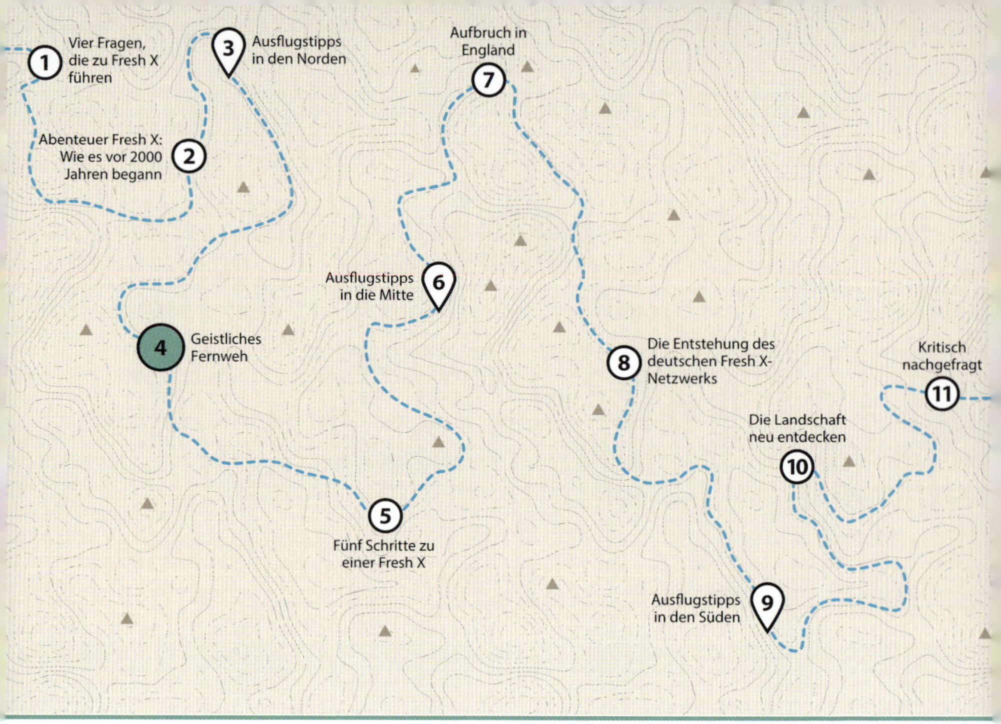

AUFBRUCH ZU EINER INNEREN REISE

Wissen Sie noch, warum Sie in dieses Buch reinschauen wollten? War es nur die spontane Neugier auf einen Reiseführer der anderen Art? Oder doch so etwas wie ein Fernweh, eine geistliche Sehnsucht in Ihnen? Vielleicht so eine Ahnung, es könnte noch mehr geben als das gut-bürgerliche Christenleben, als Sonntags-Gottesdienst-Besuch und die geistliche Komfortzone? Es könnte wirklich so etwas geben, wie mit Petrus im Glauben übers Wasser zu gehen, aus dem sicheren Boot heraus? Das Unvernünftige einfach tun?

Älteren, die manche Enttäuschung schon verarbeiten mussten, fällt das schwerer. Die fragen skeptisch, ob Fresh X wirklich mehr ist als die nächste geistliche Welle, der momentane kirchliche Hype. Ja, denn es ist wirklich kein Kurzausflug. Es geht um unsere Berufung, um ein Aufbrechen und ein Dranbleiben, nicht um ein schnelles „Wachsen gegen den Trend".

Es ist gut, wenn wir in uns wieder dieses Verlangen danach spüren, dass Gott mehr tun möge als bisher. Gerade im Gebet, im Gespräch mit Gott, kann uns diese Sehnsucht neu überfallen: Wie im Himmel, so auf Erden, so auch jetzt und heute soll geschehen, was du willst ... Vielleicht wird uns wehmütig ums Herz, wenn wir an Menschen denken, die irgendwie weit weg sind von Glauben und Kirche. Und wir würden so gerne sehen, dass Gottes Liebe sie berührt und verändert und auch sie die *„Kräfte der zukünftigen Welt“* (*Hebräer 6,5; LUT*) schmecken. Gut so, wenn uns diese geistliche Unruhe packt. Wenn wir uns fragen, ob Gemeinde nochmals neu und anders zu leben ist. Gerade für solche Menschen, die wohl nie die Schwelle eines Gemeindehauses oder einer Kirche überschreiten würden. Kann es gelingen? Ja. Aber es ist ein weiter Weg. Ein Abenteuer. Eine Expedition. Und dieser Aufbruch beginnt als innere Reise ...

Dem Schrei der Wildgans folgen

Geistliches Fernweh, innere Unruhe, eine Wehmut des Herzens. Könnte der Heilige Geist da am Werk sein? Wir kennen aus den Evangelien die Taube als Symbol für den Heiligen Geist. Tauben stehen in unserem Kulturkreis für Frieden, nicht selten für eine gewisse Harmlosigkeit. Die iroschottischen Wandermönche des 7. Jahrhunderts halten dagegen: Nein, der Heilige Geist sei nicht nur die Friedenstaube, er sei auch so etwas wie die „wild goose“, die Wildgans. Sie lebten eine Form von Spiritualität, die die „Peregrinatio“, den Aufbruch in die Fremde, betonte. Wenn die Wildgänse in Formation über sie hinwegflogen, wenn sie ihren schrillen Ruf hörten, dann hörten sie darin den Ruf des Heiligen Geistes:

> ***„Brecht auf, lebt eure Sendung. Gott will euch zu Menschen bringen, die nichts von ihm wissen und die doch seine Menschen sind.“***

Und so brachen sie auf: Ausgehend von Irland und Nordengland ließen sie sich auf viele Missionsabenteuer jenseits dessen ein, was ihnen bekannt war. Manche

überließen sich in ihren Booten dem Wind Gottes, um an den Küsten, an denen sie so landeten, das Evangelium mit anderen zu teilen.

So kamen sie auch nach Germanien. Sie sind unsere geistlichen Vorfahren. Nur haben wir sie etwas vergessen, diese Wandermönche, diese Verehrer des Heiligen Geistes als der Wildgans. Und doch haben wir ihnen viel zu verdanken. Vielleicht ebenso viel wie Martin Luther? Müsste uns nicht neben dem Mönch aus Wittenberg auch der achtzigjährige Bonifatius vor Augen stehen, der im hohen Alter noch aufbrach, um den Friesen das Evangelium zu bringen, und dies mit seinem Leben bezahlte? Wenn wir so in unsere eigene Geschichte eintauchen und tiefer als nur bis zum 16. Jahrhundert graben, wenn wir nicht nur die Renovierung unseres Glaubensgebäudes, die Reformation, feiern, sondern zurückgehen zur Grundsteinlegung, dann können wir den Schrei der Wildgans wieder hören. Von den iroschottischen Vorfahren, die uns das Evangelium gebracht haben, können wir neu die Liebe zur Mission lernen. Welch ein Vorrecht, wenn wir an dem teilhaben dürfen, was Gott in dieser Welt tut, an seiner Mission! Das ist jede „Peregrinatio“, jeden Aufbruch in fremdes Gelände wert, wenn wir so unsere Berufung neu leben und gemeinsam auf Sendung gehen. Schon zu Anfang der deutschen Kirche gab es die Aufbruchsgeschichten unserer iroschottischen Geschwister. Sie hörten den Schrei der Wildgans. Sie ließen sich vom Heiligen Geist rufen.

In ein Land, das er uns zeigen wird

Brechen wir auf zu einer Entdeckungsreise in diese noch kaum erschlossene Landschaft der *Fresh Expressions of Church*, dann merken wir sehr schnell, dass diese Expedition kein Kurzausflug ist, kein zeitlich befristetes Projekt nach dem Motto: „Und im März machen wir ein wenig in Richtung Fresh X ...“ Dieser Aufbruch ist eine langfristige Berufung, die unseren nächsten Lebensabschnitt bestimmen wird, vielleicht sogar unser Leben. Denn wir lassen uns wirklich auf Menschen und ihre Lebenswelt ein und schauen nicht nur mal kurz vorbei.

Wir erkennen auch rasch, dass wir keine All-inclusive-Reise gebucht haben, bei der andere alles für uns vorgeplant und arrangiert haben. Solch ein Komplett-Paket scheint zunächst verlockend und entlastend. Es gibt uns Sicherheit, wenn wir einen genauen Fahrplan haben, fertige Programm-Bausteine oder einen ausgearbeiteten Kurs. Aber, Hand aufs Herz, wir spüren auch sehr schnell, dass „all inclusive“ nicht wirklich hilft. Was woanders stimmig war, muss es hier nicht auch sein, und jede Zielgruppe tickt anders, jeder Kontext ist einzigartig. Und jedes Fresh X-Team übrigens auch.

Wir sind also auf einer Expedition. Wir werden uns unseren eigenen Weg quer durchs Gelände suchen. Das ist unbequem. Aber das ist auch ungemein spannend und ein Experiment des Glaubens.

Wir werden an unsere Grenzen kommen. Aber wir werden auch tiefer in unsere Berufung hineinfinden.

Diese innere Reise wird uns verändern. Das Abenteuer kehrt zurück in unser Christsein.

Wir werden zurückgeworfen aufs Beten. Wir bitten Gott, er möge uns innere Klarheit schenken, Menschen des Friedens zeigen, uns unterwegs Zeichen der Bestätigung geben. Er selbst soll uns in dieses unbekannte Land führen, das wir zwar noch nicht kennen, das er aber sehr wohl kennt. Ein Land, das er uns zeigen wird, so wie er es Abraham vor langer Zeit gezeigt hat ...

GESCHICHTEN DES AUFBRUCHS

Das Beste an Fresh X sind diese Aufbruchsgeschichten. Die Ausflugs-Tipps in diesem Buch erzählen davon im Zeitraffer. Überall gibt es einen Moment mit „Gänsehaut-Feeling", wenn Menschen den Schrei der Wildgans hören.

Eine Familie sieht das ihnen Anvertraute, einen Bauernhof, auf einmal in einem ganz neuen Licht (*Seite 128*).

Andere lässt eine jugendliche Szene nicht los. Sie sind Jugendlichen in Subkulturen begegnet und wollen dort Veränderung und ein Stück vom Reich Gottes sehen, wie bei „offbeat" (Seite 48).

Manche bekommen plötzlich ein Herz für den Plattenbau und sagen: Dort, wo es dunkel ist, wollen wir hin. Gottes Liebe gilt trotz aller Schuld und vor aller Leistung. Und davon, vom Reich Gottes, muss doch dort etwas spürbar werden. Dort wollen wir Gemeinde sehen. Wie beim „Leuchtturm" (Seite 44).

An anderer Stelle will ein Team etwas für junge Familien starten. Aber im Fresh X-Kurs (Seite 157) kommen sie nochmals ins Nachdenken und beschließen, sich auf eine „christenfreie Zone" ihrer Stadt zu konzentrieren. Und da ist dann dieser Gedanke: Im Nagelstudio sitze ich eine halbe Stunde jemand anderem gegenüber, werde von ihm berührt, erzähle aus meinem Leben, Auge in Auge. Können wir nicht eine Fresh X im Nagelstudio starten?

Andere treten bewusst in einen örtlichen Verein ein, weil sie von innerer Unruhe getrieben sind. Sie wollen nicht länger nur in der frommen Blase unterwegs sein. Zur eigenen Überraschung gewinnen sie die Menschen dort richtig lieb und beten für sie. Sie spüren eine Offenheit für Gott bei Einzelnen und nehmen Menschen des Friedens wahr.

Einige beginnen, die Idee einer „Kirche am Arbeitsplatz" aufzunehmen, und fangen an, sie weiterzudenken. Das ist dann doch mehr als die Gebetsgruppe im Betrieb, oder nicht? Kann es eine Form von Gemeinde auch dort geben, wo wir die meiste Zeit unseres Alltags verbringen? Sie fangen an, Fragen zu stellen und Antworten zu suchen.

Das alles ist dann kein missionarisches Zusatzprogramm mehr. Eher ist es so, als würde ein innerer Schalter umgelegt: Wir verstehen unser ganzes Leben wieder als eine Berufung, wir „gehen auf Sendung", wir wollen als Zeugen Jesu Christi leben, und zwar ganz selbstverständlich.

Gemeinde im Alltag sein

„To be, to do and to say the gospel", wie englische Freunde diesen Lebensstil beschreiben (dt. „Einfach die Gute Nachricht sein, ausleben und weitersagen"). In unserem Sein, in unserem Tun, in unserem Reden haben wir dann teil an der Mission Gottes.

Die Bibel als Kompass

Die Bibel ist ein Unterwegs-Buch. Sie erzählt von Gottes Geschichte mit seinem Volk, das unterwegs ist durch die Zeiten. Und waren es nicht Bibelgeschichten, die einen Franziskus in Assisi aus dem Gewohnten aufbrechen ließen, genau wie auch den reichen Kaufmann in Lyon, Petrus Waldes, und den Augustinermönch Martin Luther und viele andere nach ihm?

Wir können es auch so formulieren: Dass die Bibel inspiriert ist, bedeutet, dass diese alten Texte immer wieder von Neuem inspirieren. Beim Lesen der Bibel hören wir den Schrei der Wildgans, den Ruf zum Aufbruch.

Lesen wir die Bibel in diesem Licht, dann erkennen wir auch, wie zeitgebunden unsere Bilder von Gemeinde sind, die sich tief ins kollektive Gedächtnis durch 1700 Jahre Staatskirche eingebrannt haben. Geht Gemeinde auch ohne einen Sonntag, ohne christliches Gebäude? Bedenken wir, wenn wir das Neue Testament lesen, dass dies die Rahmenbedingungen damals waren?

Auch Gottesdienst ist im Neuen Testament streng genommen nirgends eine Veranstaltung, sondern die totale Hingabe unseres Lebens (*Römer 12,1*; *Philipper 2,17*). Jeder Atemzug ist Gottesdienst. Wer hat uns die Erlaubnis gegeben, daraus eine einstündige Sonntagsveranstaltung zu machen? Fragen über Fragen. Aber gute Fragen machen klug.

Natürlich geht es nicht darum, das erste Jahrhundert nach Christus zu kopieren. Aber beim Bibellesen merken wir, wie zeitgebunden unser Bild von Gemeinde ist. Christen können auch anders. Ein Raum der Freiheit eröffnet sich für „Fresh Expressions of Church".

Geht – und lebt wild und gefährlich

„Der Herr segnet euch und er behütet euch ..." Der aaronitische Segen ist wunderschön und steht meist am Ende des Gottesdienstes. Aber dieser uralte Segen hat etwas Priesterliches und Bewahrendes.

Jesus segnet anders. Ist uns das bewusst? Da geht es nicht um Behütung, sondern um Sendung. *„‚Wie der Vater mich gesandt hat, so sende ich jetzt euch.' Und er hauchte sie an und sagte: ‚Empfangt den Heiligen Geist!'"* (*Johannes 20,21b.22*). Wir sollen und dürfen also die Sendung Jesu weiterführen. Ja, das kann ganz schön wild und gefährlich sein, wenn wir so Zeuge sind mit Haut und Haaren! Wir empfangen aber den Heiligen Geist. Wir hören neu den Ruf der Wildgans. Der Geist wird unser Begleiter und Beistand sein, wenn wir neu ins Glaubensabenteuer aufbrechen. Welchen Segen ziehen wir vor? Wir sollten nicht nur im Alten Testament stecken bleiben.

Biblische Aufbruchsgeschichten

Was Jesus von den Pharisäern trennte

Pharisäer waren fromme Menschen. Vermutlich waren sie uns ähnlicher, als wir das gerne wahrhaben wollen. Sie waren leidenschaftlich Glaubende, sie waren missionarisch aktiv und gewannen Menschen für den jüdischen Glauben (*Matthäus 23,15*). Was trennte sie dann von dem Wanderrabbi aus Nazareth? Ihr Name gibt einen ersten Hinweis. Pharisäer kommt von „Peruschim“, das bedeutet wörtlich: die sich Absondernden.

Pharisäer luden zwar Menschen ein, sich ihnen anzuschließen, aber immer unter dem Motto: Kommt zu uns und werdet wie wir. Ganz unbekannt wird uns das nicht vorkommen. Jesus dagegen war anders. Der ging hin zu den Zöllner-Partys und war mit Frauen zweifelhaften Rufs unterwegs. Er wich den Aussätzigen nicht aus und wurde immer wieder innerlich von Erbarmen gepackt, wenn er Menschen und ihre Not sah. Er lebte mitten unter den Menschen, die andere für gottlos hielten, in der Gegenwart Gottes. Es war für ihn Heiligkeit, dabei auch fromme Konventionen zu überschreiten. Für die Pharisäer war das ein Affront. *„Was ist das für ein Fresser und Weinsäufer?“*, fragten sie (*Matthäus 11,19*). Und, Hand aufs Herz, dieser Erlöser wäre auch heute in christlichen Kreisen und kirchlichen Gremien eine Provokation.

Im Gleichnis von den verlorenen Söhnen (*Lukas 15*) lädt Jesus nun gerade diese Pharisäer ein, an seiner Sendung teilzuhaben und beim Fest für den verlorenen Sohn mitzufeiern. Jesus lässt im Gleichnis offen, wie die Geschichte ausgeht. Geht der ältere Sohn mit rein? Die Frage bleibt bis heute. Feiern wir mit, haben wir teil an der Mission Gottes? Oder sind wir eher selbstgerecht und mürrisch geworden wie der ältere Sohn, immer pflichtbewusst und korrekt, aber innerlich längst bitter? Dann übersehen wir, dass Gott „da draußen“ handelt und Menschen in seine Arme schließt. Dann verpassen wir in all unserer Frömmigkeit das eigentliche Handeln Gottes.

Grenzüberschreiter aus Gnade

Paulus war von Hause aus auch Pharisäer. Aber einer, der die Kurve kriegte, weil er eine umstürzende Erfahrung mit Gnade gemacht hatte. Er war so klug, so gut, so eifrig gewesen – viel besser als die meisten anderen. In der Begegnung mit Christus wird das weggewischt. Alles das wird, wie er selbst schreibt, zu „Müll“ (*Philipper 3,8*). Er ist überwältigt von der zuvorkommenden Liebe Gottes.

Alle menschlichen Vorzüge und Abgrenzungen sind für ihn ausradiert. Diese tiefe Erfahrung von Gnade macht ihn fähig zur Mission unter den Heiden. Und bei uns? Wo fühlen wir uns den anderen kulturell, intellektuell oder moralisch überlegen? Wo denken wir insgeheim: „Die wollen eh nichts wissen von Gott"? Aber wenn wir wirklich ganz unverdient Anteil an Christus und seiner Liebe haben, wen können wir dann davon ausschließen? Wer die Gnade in ihrer Tiefe und Größe erfährt, wird fähig zu einer Mission, die nicht andere „missioniert" und sich durchsetzen will, sondern die schlicht das teilen will, wovon sie selbst lebt.

Die Bedeutung des Essens

Und nehmen wir wahr, wie sehr es in den Paulusbriefen um das Thema Essen geht? Die Frage nach Tischgemeinschaft und die Fleischfrage beim gemeinsamen Herrenmahl (Götzenopferfleisch – ja oder nein?) ziehen sich durch *Galater 2*, *Römer 14+15* und *1. Korinther 7–11*. Essensfragen als Christen-Thema? Ja, denn Christsein ohne gemeinsames Essen war schlicht nicht denkbar! Das Agapemahl, das Herrenmahl, der anschließende Austausch, bei dem alle was beizutragen hatten (*1. Korinther 14,26*), das war die alltägliche Gemeindepraxis. Gemeinde war Hausgemeinde, 15 bis maximal 40 Personen stark. Die „Ortsgemeinde" gab es höchstens als Ausnahme-Event, als größere Versammlung ab und zu.

Dem Schrei der Wildgans nachspüren

Mit den folgenden Texten kann man dem Schrei der Wildgans nachspüren. Die Texte können gemeinsam in der Gruppe oder in der persönlichen Stillen Zeit gelesen werden.

- *Matthäus 11,16-19*
- *Lukas 15*
- *Philipper 3,3-11*
- *Korinther 11,17-29 und 14,26-33*
- *Römer 12,1 und Philipper 2,17*
- *Johannes 20,21*

Mission stellt Fragen

„Mission ist die Mutter der Theologie", hat der Theologe Martin Kähler schon vor 100 Jahren formuliert. Es kommt nicht von ungefähr, dass der Missionar Paulus der prägende Theologe unter den ersten Christen war. In Jerusalem wurde weniger theologisch nachgedacht. Aber Paulus, der an neue Küsten übersetzte, musste auch das Evangelium in neue Sprach-, Kultur- und Denkräume übersetzen. Er war mit vielen Fragen konfrontiert. Wie wichtig oder unwichtig ist die Beschneidung? Mission-shaped Questions – missionsrelevante Fragen. Das Neue Testament ist voll davon.

NICHT ALLEINE UNTERWEGS

You'll never walk alone. Bei dieser Fußball-Hymne, die aus der Liverpooler Fankurve ihren Weg in alle Stadien Europas genommen hat, steht selbst oft hartgesottenen Fußball-Fans eine Träne im Auge. Wer sehnt sich nicht danach, nicht alleine unterwegs zu sein? Miteinander durch dick und dünn zu gehen. Durch Stürme und dunkle Zeiten. Durchzuhalten, weil es Hoffnung gibt.

Die innere Reise, die Fresh X-Expedition, ist keine Tour für einsame Wölfe. Sie ist immer ein gemeinsames Abenteuer. Wir sollen miteinander neu Gemeinde leben, nicht nur am Sonntag, nicht nur in Kirchen, sondern da draußen bei den Menschen und in ihren Lebenswelten.

Lichter der Welt

Gemeinde verstehen wir meist unter dem Vorzeichen der Versammlung, als Gemeinschaft im Gottesdienst. Gemeinde ist mit Sonntag verknüpft. Das ist auch nicht falsch. Die Frage aber ist, ob wir Sendung auch als ein Stück Gemeinde-Wirklichkeit sehen können. Ob Gemeinde auch im Alltag vorkommt. Leider denken die meisten sehr individualistisch, wenn es um Sendung geht: Jeder Christ soll als einzelnes kleines Lichtlein an seinem Ort ein bisschen in der Welt leuchten. „Gathered for worship, scattered for mission" – mit diesen Worten wird im Englischen dieses falsche Grundprinzip zusammengefasst:

Gemeinsam beim Gottesdienst – vereinzelt in unserer Sendung.

Ein junger Ingenieur wollte im Alltag als Christ leben und überlegte, ob er eine Karte mit einem Bibelspruch neben seinen Monitor stellen solle. Als ein Bekannter mit der Gegenfrage antwortete, wie viele Christen es denn in seiner Firma gäbe, machte er große Augen. Darüber hatte er noch nie ernsthaft nachgedacht. Er war noch nie auf den Gedanken gekommen, dass so etwas wie „Kirche am Arbeitsplatz" möglich sein könnte.

Bei Jesus ist das anders. Die kleinste Sendungseinheit, die wir bei ihm finden, besteht aus „zu zweit". Zwei und zwei – so sendet er seine Jünger aus (*Lukas 10*). Als wollte er sagen: „You should never walk alone." Und er sagte: *„Ihr seid das Licht der Welt, ihr seid die Stadt auf dem Berge"* (vgl. *Matthäus 5, 14*). Ihr, nicht du – das ist Plural. Eine Stadt, auch eine auf dem Berg, ist eine soziale Größe. Gerade unser Miteinander als Christen an der Schule, im Café, im sozialen Projekt oder an der Arbeitsstelle, gerade dieses Miteinander wird ein Reich-Gottes-Hingucker sein für Menschen, die Gott abgeschrieben haben und bei Glaubensgesprächen erst mal auf Durchzug stellen.

Nur als Team können wir in Wahrheit lebensnah den Gott bezeugen, der in sich selbst Gemeinschaft ist. Denn Gott selbst – das ist ja sozusagen das Alleinstellungsmerkmal des christlichen Gottesbildes – ist Dreieinigkeit, ein göttliches Team. Der Vater, der Sohn und der Geist verweisen aufeinander, handeln miteinander, sind eine Beziehungseinheit (z.B. *Johannes 16,13-15*). Etwas von dieser unaussprechlichen göttlichen Wirklichkeit des wechselseitigen Dienens soll sich in den Fresh X-Teams widerspiegeln.

Unsere Beziehungen sprechen für sich, sie enthalten eine Botschaft. Gerade hier wird die Versöhnung, die Christus gebracht hat, greifbar und begreifbar. An eurer Liebe untereinander, an euren Sozialbeziehungen, sagt Jesus, wird die Welt erkennen, dass ihr in meiner Nachfolge steht (*Johannes 13,35*). Denn der Leib Christi predigt nicht nur mit Worten, er hat auch eine Körpersprache. Darum ist es so verheißungsvoll, wenn wir miteinander eine „Fresh Expression of Church" mitten im Alltag leben. Die neue Beziehungswirklichkeit in Christus wird konkret, gerade in unserem Team-Leben.

Die finden, die mitgehen

Der erste, gar nicht so einfache Schritt ist es deshalb, andere zu finden, die mit uns den Aufbruch wagen. Wo beginnen? Zuallererst werden wir den „Herrn der Ernte" um Mitarbeitende bitten (*Matthäus 9,38*). Und wir werden unsere Sehnsucht mit anderen offen teilen, nicht um sie zu überreden, aber in der Hoffnung, dass sie, vielleicht nach Jahren wieder, auch den Schrei der Wildgans hören. Am Anfang einer Fresh X steht immer eine innere Berufung. Wir spüren es, wenn das geschieht. Wir sehen es am Funkeln in den Augen. Dann kann ein gemeinsamer Prozess beginnen.

Ob daraus das Team für eine Fresh X wächst? Sicher nicht von heute auf morgen. Es wird ein intensiver Prozess sein, ein Prozess der Berufungsfindung, der auch mit unserer eigenen Identität zu tun hat. Es ist ein bisschen wie bei der Kleideranprobe. Was passt zu mir? Was passt zu uns? Und wird daraus ein Gesamtbild? Was ist unsere gemeinsame Sendung als Team? Jeden Gedanken, unser individuelles Ding zu machen, verbannen wir.

Ideen, um andere für Fresh X zu gewinnen

- Zu einem Video-Abend einladen, zwei oder drei passende Clips einer Fresh X-DVD zeigen, miteinander ins Gespräch kommen.

- Gemeinsam zu einem Fresh X-Inspirationstag fahren, an einem Workshop oder an einer Studienreise teilnehmen.

- Gemeinsam Bibel lesen als Aufbruchslektüre. Kapitel 2 in diesem Buch kann hier inspirieren. Und es gibt dazu Materialpakete wie „40 Tage Frühling in der Kirche".

- Auf der Fresh X-Homepage sind Materialien zum Download, unter anderem eine Serie von Einstiegsabenden (Fresh X-Intro) und eine Präsentation für einen Infoabend.

- „Social Action Fun" nennen es englische Gemeindegruppen, wenn sie miteinander an einem Samstag z.B. in einem Sozialwohnungsbau ein Treppenhaus streichen oder eine Spielstraße bei einem Straßenfest anbieten. Warum nicht mal miteinander was ausprobieren, einen Testballon steigen lassen und gemeinsam was Sinnvolles tun für die Menschen, die Gott uns aufs Herz gelegt hat?

ERSTE SCHRITTE: HINGEHEN UND HINHÖREN

Nachbarschaft, Netzwerk, Nöte – zu wem sind wir gesandt? Manche träumen von einer Fresh X für jeden. Aber das ist eine Illusion. Was es zum Essen gibt (und ob das bezahlt werden muss und zu welchem Preis), welche Musik im Hintergrund läuft, welche Zeiten wir wählen und welche Location (drinnen oder draußen?), welches Sprachniveau und welche Bildung wir voraussetzen – das alles sind „Filter".

Je spezifischer wir andererseits wissen, wen wir erreichen wollen, zu welchen Menschen wir gesandt sind, desto besser können wir hinhören und ihren Kontext und ihre Lebenswelt wahrnehmen.

Wie klärt sich aber die Zielgruppe für uns? Wie finden wir zu unserer Berufung? Manchmal stellt Gott uns einfach, obwohl wir nicht damit gerechnet haben, bestimmte Menschen in den Weg – so wie das Jesus in *Lukas 10* im Blick auf den barmherzigen Samariter erzählt. Menschen werden zu unseren Nächsten.

Wir können aber auch mit den drei simplen Fragen beginnen:

Drei Fragen in Richtung Berufung

- Wer sind wir? Hier reflektieren wir, wofür unser Herz schlägt, was unsere eigene Identität ausmacht, was unsere natürlichen Stärken sind, wo unser Charisma liegt.

- Was können wir? Hier kommt in den Blick, womit wir anderen dienen könnten, wo wir eine Antwort auf Nöte haben, was wir anbieten könnten.

- Wen kennen wir? Das ist vermutlich die wichtigste Frage. Denn nur über Beziehungsbrücken werden wir in Kontakt zu Menschen kommen.

Eine weitere hilfreiche Unterscheidung, um zu erkennen, wo und für wen eine Fresh X dran sein könnte, ist die Unterscheidungvon drei Zugängen: Nachbarschaft, Netzwerk und Nöte.

Der erste setzt eher gemeinwesenorientiert im Stadtteil an – beim Kinderspielplatz, im geografischen Nahbereich. Der zweite bei unseren Beziehungsnetzwerken in der Freizeit oder bei der Arbeit. Beim dritten Zugang lässt sich von einer konkreten Not, wie z.B. den Bedürfnissen von autistischen Kindern oder von Flüchtlingen, herausfordern.

Hingehen und hinhören

Observieren.
Was sagen uns die Graffiti im Wohnbezirk? Welche kulturellen und geistlichen Botschaften senden die Gebäude? Was nehmen wir betend wahr, wenn wir durch die Straßen gehen? Die Streifzüge des Paulus durch Athen (*Apostelgeschichte 17*) können ein Beispiel dafür sein. Was hören wir, wenn wir in einem Café oder einer Kneipe sitzen, in dem sich die Zielgruppe trifft?

Investigieren.
Wie ein investigativer Journalist können wir relevante Daten und Fakten sammeln. Welche Magazine gibt es und was ist ihre Botschaft? Welche Daten können wir von der Stadtverwaltung bekommen? Was erfahren wir über Haushaltsgröße, Anteil der Alleinerziehenden, Kriminalitätsrate, Wahlergebnisse? Und im Blick auf Netzwerk und Nöte: Was verbindet diese Menschen, positiv oder negativ? Wie kommunizieren sie? Was feiern sie und wie feiern sie? Was verstehen sie unter Gemeinschaft und Beziehungsqualität konkret?

Kommunizieren.
Es muss nicht gleich ein Fragebogen sein, denn eigentlich ist es das Natürlichste, die Menschen einfach direkt zu fragen: „Wo arbeiten Sie? Wie verbringen Sie Ihre Freizeit? Was sind Ihre Sorgen, wovon träumen Sie? Welche spirituellen Angebote nehmen Sie an?" Auch Interviews mit „Experten" helfen weiter – mit der Lehrerin, dem Wirt, einem Kommunalpolitiker, einem Arzt, dem Hausmeister, dem Trainer, der Schulsozialarbeiterin etc.

Partizipieren.
Wir können an einem öffentlichen Event teilnehmen, an einem Schul- oder Straßenfest, einem Turnier, einer Bürgerversammlung. Gibt es Plattformen im Internet oder andere virtuelle Kommunikationsplattformen, in die wir uns einklinken können?

Experimentieren.
Warum nicht einfach mal einen Versuchsballon steigen lassen, eine Idee ausprobieren und dann die Zielgruppe um ehrliches Feedback bitten. Vielleicht übernehmen wir die Kaffeebar bei einem Event, machen ein Angebot für Kinder – am besten mit einigen aus der Zielgruppe. Wir werden nicht am grünen Tisch das Gemeinschaftsleben entwickeln, das in diesem Kontext das Evangelium verkörpert. Eher sollten wir wild ausprobieren, vieles auch wieder lassen, bis wir einen Weg finden.

Konkret

Lassen sich die Menschen, um die es geht, geografisch zuordnen? Zu einem Neubaugebiet, einem Kiez, einer Plattenbausiedlung, einer Ortschaft, einer Nachbarschaft? Dann werden wir uns eine Karte besorgen, darin wichtige Punkte einzeichnen, alle Orte notieren, die eine Geschichte erzählen, und vielleicht betend durch die Straßen gehen. Wir können nach anderen Gemeinden dort Ausschau halten, Bücher zur Lokalgeschichte lesen und soziodemografische Daten sammeln.

Oder liegt unser Fokus eher auf einem Beziehungsnetzwerk, das sich durch gemeinsame Hobbys, Freizeitaktivitäten, durch Schule oder Beruf herausbildet? Dann sind auch hier die Knotenpunkte des Netzwerkes wichtig. Wo sind Treffpunkte und Orte, reale oder virtuelle im Internet? Wo und wie kommen die Menschen miteinander in Kontakt? Wer sind die Schlüsselpersonen, die „Knotenpunkte" im Netz? Wie könnte ein Soziogramm dieses Beziehungsnetzwerkes aussehen?

Steht eine Not im Mittelpunkt, sollten wir uns natürlich erkundigen, wie es Menschen in dieser Not konkret geht, was sie brauchen, welche Fragen da sind, welche Selbsthilfe-Strukturen und wo es auch professionelle Hilfe für sie gibt.

Manche im Team sind dabei eher Aktivisten und begeistern sich fürs Experimentieren, andere sind Fakten-Sammler und stärker investigativ orientiert. Auch hier wird sich ein Team mit seinen Gaben ergänzen.

Ist aber die Zielgruppe klar und der Fokus scharf, dann gilt es, in dieses Milieu einzutauchen. Je fremder die Lebenswelt dieser Menschen ist, je weiter sie weg sind vom gewohnten kirchlichen Terrain, desto größer sind vermutlich unsere inneren Barrieren.

In die Fremde hinaus

Jeder Fußball-Fan weiß es: Ein Auswärtsspiel ist schwieriger zu gewinnen. Auch Christen lieben deshalb das Heimspiel. Wir laden gerne zu unseren Veranstaltungen ein, zu neuen Formen von Gottesdiensten, die wir extra für Außenstehende entwickelt haben. Die anderen sollen zu uns kommen, unsere Lieder singen, sich unseren Umgangsformen anpassen – denn diese gelten ja auf unserem Terrain.

Aber für die, die dann tatsächlich kommen, wenn sie kommen, ist es dann ein Auswärtsspiel, eine „Erfahrung der Fremde". Es ist sehr menschlich, dass wir diese Fremdheitserfahrung eher anderen zumuten als uns selbst. Aber es ist nicht biblisch. Das Neue Testament weist uns klar in die andere Richtung. Es klingt sehr nach „Auswärtsspiel", wenn Jesus vom „Hingehen" spricht und sogar sagt: *„Ich sende euch wie Schafe unter die Wölfe"* (*Matthäus 10,16*). Das klingt unangenehm, ja beängstigend. Aber diesen Weg in die Fremde, den er selbst gegangen ist, mutet Jesus eben auch seinen Jüngern zu.

Damit die anderen ein Heimspiel haben, soll die „Erfahrung der Fremde" bei uns liegen. Was dies konkret heißt, spüren wir schnell, wenn wir einmal eine Stunde im Vereinslokal sitzen, auf der Wendeplatte unter Motorradfahrern stehen oder auf einem Schulhof versuchen, Kontakt zu Schülerinnen und Schülern zu finden. Wir fühlen uns unsicher. Wir kennen niemanden. Wir kennen die Regeln nicht. Wir kommen uns blöd vor. Wer sind wir hier und was sollen wir hier machen? Nur weg von hier. Alles Anzeichen eines kleineren Kulturschocks. Wir haben eine fremde Lebenswelt betreten. Aber: So wie wir uns dort fühlen, fühlen sich diese Menschen in unserem christlichen Gemeindehaus. Sollen die Welten zusammenkommen, muss jemand diese Fremdheitserfahrung auf sich nehmen. Und das ist unser Part.

Lassen sich die Ängste vor fremden Lebenswelten überwinden? Furcht ist nicht in der Liebe, sagt die Bibel (vgl. *1. Johannes 4,18*). Das heißt, dass die Liebe unsere Angst vor dem Fremden bezwingen kann. Liebe kann in ganz positivem Sinn neugierig machen. Dann ist das Fremde nicht mehr nur bedrohlich, sondern auch interessant, weil uns die Menschen wichtig sind und wir sie nicht verurteilen, sondern verstehen wollen.

Verstehen und eintauchen

Echtes Hinhören ist der erste Schritt beim Entstehen einer Fresh X (*Seite 73*). Aber es ist weit mehr als eine einmalige Sache, die man danach abhakt. Es geht um eine innere Grundhaltung. Die Menschen, die wir tiefer verstehen wollen, werden dann zu unseren Lehrmeistern. Wir verspüren das Bedürfnis, intensiver in ihre Kultur und Denkweise einzutauchen. Was sind ihre Sehnsüchte, welche Süchte stehen damit vielleicht in Verbindung? Welche Botschaft des Evangeliums wäre wirklich eine gute Nachricht für sie? Was können wir als Christen von ihnen lernen? Wie könnte in dieser Lebenswelt Reich Gottes sichtbar und erfahrbar werden, auch für uns?

Ein Beispiel aus der Mission

Viel lernen können wir dabei von guten Geschichten aus der Außenmission. Zum Beispiel von dieser: Einer der ersten deutschen Missionare war Bartholomäus Ziegenbalg (1682–1719) aus dem Osten Deutschlands, ein Schüler August Hermann Franckes. 23 Jahre war er erst, als er mit Heinrich Plütschau 1706 in Tranquebar an der Südostküste Indiens ankam. Ihre fünf Prinzipien für die Mission wären noch heute gute Leitlinien. Dazu gehörte auch die „genaue Kenntnis der Gedankenwelt des Volkes“. Ziegenbalg schrieb ein Buch mit dem Titel „Die Genealogie der malabrischen Götter“. Zu Hause bei der Missionsgesellschaft löste das nur Kopfschütteln aus. Sie schrieben, er sei dazu ausgesandt, Hindus zu bekehren und nicht heidnischen Aberglauben in Europa zu verbreiten. So wurde das Buch erst 150 Jahre nach seinem Tod veröffentlicht. Dieser junge Pionier aber hatte begriffen: Das Evangelium kann nur Wurzeln schlagen, wenn wir das Denken der anderen vorher verstanden haben. Mit allen Fasern seines Herzens und mit einer tief geistlich motivierten Neugier wollte er begreifen, wie ihr religiöser Kosmos aussieht – und was es heißt, in diesen Kontext hinein die gute Botschaft vom Reich Gottes zu verkündigen.

KOMPETENT WERDEN

Eine Fresh X zu starten und zu leiten, ist Handwerkskunst. Es braucht sicher auch theoretisches Wissen und Bücher wie dieses. Auch persönlich und geistlich zu reifen, ist wichtig. Es gilt, wie hier beschrieben, neue Grundhaltungen einzuüben. Vor allem aber braucht es viel Praxis, viel Ausprobieren.

Kompetent werden heißt bei Fresh X vor allem: lernen – im Team und voneinander. Das kann ein Praktikum sein oder eine Lerngemeinschaft mit anderen Fresh X-Engagierten. Eine exzellente Hilfe dazu ist auch ein Fresh X-Kurs (Seite 157).

FRESH X DER KURS

Dazulernen

„Fresh X. Das Praxisbuch“ bietet sich als gemeinsame Lektüre an. Lesen alle ein Kapitel pro Woche, wird dieses dann in der Lesegruppe besprochen und vertieft. Zu jedem der neun Kapitel gibt es auf www.freshexpressions.de Fragen und Übungen.

Wir lernen viel, wenn wir Kontakt zu einer Fresh X bekommen, die mit einer ähnlichen Zielgruppe arbeitet, und dort einen Besuch oder ein Praktikum machen.

Coaching ist für jede Fresh X lebensnotwendig. Externe Berater helfen, den eigenen Weg zu reflektieren, Handlungsoptionen klarer zu bekommen sowie geistliche Perspektiven und die nächsten Schritte zu klären.

Wer ein Jünger Jesu Christi ist, bleibt ein Lernender. Christen verschreiben sich, gerade wenn sie sich auf eine solche Expedition in Richtung neuer Ausdrucksformen von Gemeinde begeben, dem lebenslangen Lernen. Und es ist wunderschön, ewig dazuzulernen, auf andere zu hören, inspiriert zu werden. So bleiben wir gemeinsam auf dem Weg und in der Spur der Sendung.

Dem Geist folgen

Zieht mit ganz wenig los, klopft an die Türen auf gut Glück, haltet Ausschau nach Menschen des Friedens – das ist die Strategie, die Jesus seinen Jüngern in *Lukas 10* mit auf den Weg gibt (*Seite 23*). Kompetenz bedeutet in der Bibel vor allem immer wieder, „Gott nötig zu haben" und sich von ihm abhängig zu machen. Ausgelernt hat man nie.

Im November 2012 hat die englische Fresh X-Bewegung nach den ersten acht Jahren Bilanz gezogen. Sie hat die Veranstaltung unter das Motto „Following the Missionary Spirit" („Dem missionarischen Geist folgen") gestellt. Denn es ist ja nicht unsere fixe Idee oder unsere ausgeklügelte Strategie, die uns in diesen Aufbruch hineingeführt hat. Der Heilige Geist, diese Friedenstaube, die zugleich die Wildgans ist, ruft uns. Sie ist längst unterwegs. Ihr folgen wir.

FÜNF SCHRITTE ZU EINER FRESH X

Jede Fresh X hat ihre eigene Entstehungsgeschichte.

Doch schaut man sich die an, die bisher entstanden sind, gibt es Gemeinsamkeiten. Neben dem Gebet, mit dem sie die ganze Reise begleitet haben, sind viele von ihnen fünf aufeinanderfolgende Schritte gegangen – auch wenn diese nicht immer klar voneinander abzugrenzen sind.

Fünf Schritte zur Fresh X

1. Genau hinhören
2. Gutes tun
3. Gemeinschaft leben
4. Glauben entdecken und leben
5. Gemeinde entsteht

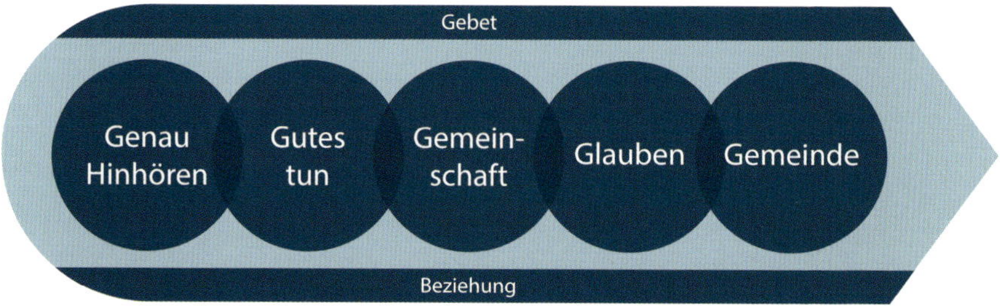

1. SCHRITT: GENAU HINHÖREN

Die Fresh X-Reise beginnt mit dem Hören, nicht mit einem fertigen Konzept. Wer in einen Kontext eintauchen will, um ganz bei den Menschen zu sein, der muss erst mal genau hinsehen und hinhören. Gerade in einer nachchristlichen Gesellschaft ist das entscheidend, wenn eine Fresh X die Menschen erreichen will, für die der christliche Glaube bisher keine Bedeutung hat.

Ein Gründungsteam begibt sich dabei auf eine geistliche Suchbewegung. Es fragt sich: Was bewegt die Menschen? Und was bewegt Gott? Es öffnet einerseits seine Ohren und Herzen für die Menschen – für ihre Fragen, ihre Lebenswelt, ihre Bedürfnisse, ihre Themen, ihre alltäglichen Herausforderungen, ihre Sehnsüchte und ihre Interessen. Dadurch wächst ein Verständnis für den Kontext, in dem die Menschen leben – für das Viertel, die Nachbarschaft, das Netzwerk oder das Milieu. Und so entstehen Beziehungen. Nachfragen und hinhören nimmt die Menschen ernst und drückt Wertschätzung aus. Das ist an sich schon eine Art, Gottes Liebe weiterzugeben.

Zugleich öffnet das Team auch seine Ohren und Herzen für Gott. Beten und Bibellesen, Achtsamkeit und Austausch sind dabei prägend. Das Team fragt sich: Was tut Gott hier bereits? Wo sind seine Spuren zu entdecken? Wie nimmt Gott diesen Kontext wahr? Wo und wie ist er schon mit Menschen unterwegs? Und was könnte unser Beitrag sein? Wie können wir in das einstimmen, was Gott

schon tut? Die Haltung, die damit verbunden ist, lautet: Gott ist schon da!

Mission ist, herauszufinden, was Gott bereits tut, und dabei mitzumachen.

Diese Aufgabe ist komplex. Sie braucht Zeit. Manchmal ist sie auch eine Geduldsübung. Oft dauert es eine Weile, bis man wirklich ankommt, versteht und eine Perspektive für den weiteren Weg entdeckt. Doch es lohnt sich, keine Abkürzung zu nehmen, weil es so gelingen kann, wirklich bei den Menschen anzukommen und Gottes Spur zu entdecken.

Des Weiteren kann ein Team in sich selbst hineinhören: Was sind eigentlich unsere Interessen? Wo liegen unsere Gaben? Was haben wir auf dem Herzen? Und wie können wir das in diesem Kontext einbringen?

Und es kann danach fragen, welche Erfahrungen andere schon gemacht haben. Es kann Bücher und Websites lesen, sich mit anderen Praktikern austauschen, Kongresse besuchen oder Freunde und Partner um Rat fragen. Es kann auch fragen, welcher Schatz in der jeweils eigenen Glaubenstradition liegt und wie er für diesen Kontext gehoben werden kann.

2. SCHRITT: GUTES TUN

Aus dem ersten Schritt entwickelt sich der zweite. Im Hören entsteht eine Idee, was ein Fresh X-Team für die Menschen und mit ihnen Gutes tun kann. Diese Möglichkeiten entstehen meist ganz natürlich und erwachsen aus den Beziehungen, die in der Phase des Hörens entstanden sind.

Dabei kann ein Fresh X-Team etwas Gutes für die Menschen tun, für die es da sein will, und wendet sich damit den Menschen in ihrem Umfeld liebevoll zu. Es dient ihnen, indem es an ihre Bedürfnisse anknüpft und praktisch hilft. Dadurch verkörpert es für sie das Evangelium und erzählt mit guten Taten von Gottes Liebe. Aus solch einer konkreten diakonischen Initiative kann eine Fresh X wachsen.

Noch besser ist es, etwas Gutes mit den Menschen zusammen zu tun. Denn gemeinsame Aktivitäten nehmen den anderen ernst. Sie vertiefen die Beziehungen und bringen Menschen zusammen. Außerdem tragen sie dazu dabei, dass die entstehende Gemeinschaft den Blick von Beginn an auch nach außen richtet.

Die Beispiele der Fresh X, die wir in diesem Reiseführer vorstellen, zeigen, was daraus entstehen kann. Eine Beachsporthalle. Ein Selbstverteidigungskurs. Eine

Kooperation mit dem kommunalen Sozialarbeiter. Ein Gitarrenkurs. Ein Treffpunkt am Alex. Eine Clubnacht. Eine Demo gegen Terror von rechts. Eine Sommerfreizeit mit Jugendlichen. Ein Kindergarten. Eine Einladung zum Candle-Light-Dinner. Eine Kletterwand. Jugendlichen, die von der Polizei vertrieben wurden, erlauben, ihren Wohnwagen auf dem eigenen Bauernhof abzustellen. Ein Café. Oder ein Metal-Festival.

Was auch immer es sein mag, es liegt am Kontext sowie den Bedürfnissen und Interessen der Menschen. So unterschiedlich die konkreten Dinge auch sein mögen, sie erzählen von Gottes Liebe zu den Menschen.

3. SCHRITT: GEMEINSCHAFT LEBEN

Durch die beiden ersten Schritte ist etwas gewachsen: Gemeinschaft. Durch das Hinhören sind Beziehungen gewachsen, durch das, was Gutes getan wurde, hat sich eine Gruppe gebildet. Das Gründungsteam ist dabei der Kern dieser neu entstehenden Gemeinschaft, zu der weitere Leute hinzukommen. Auf diesem gemeinsamen Weg wächst Vertrauen und es entsteht ein Zusammengehörigkeitsgefühl. Rund um die vielfältigen Beziehungen und die gemeinsamen Aktivitäten entwickelt sich mehr und mehr eine Gruppenidentität.

Das geschieht organisch und ergibt sich aus den ersten beiden Schritten. Darum ist dies oft gar nicht genau voneinander zu unterscheiden. Es ist vielmehr ineinan-

derverwoben: genaues Hinhören, Gutes tun, Gemeinschaft leben.

Ist eine Gemeinschaft entstanden, achtet das Gründungsteam auf ihre Entwicklung. Es kann sich fragen: Was können wir tun, dass Gemeinschaft weiter wächst? Dabei geht es neben dem Programm vor allem darum, in die Beziehungen zu investieren, indem man sein Leben teilt – authentisch, ehrlich und unverstellt. Es geht darum, mit den Menschen zu lachen und zu weinen, zu feiern und zu trauern, sich zu ärgern und zu jubeln. Sich auf dem Spielplatz zu treffen, Leute zum Abendessen einzuladen, sich ein Auto zu leihen. Miteinander einen Umzug zu stemmen, jemanden bei einem Bewerbungsschreiben zu helfen oder gemeinsam einen Ausflug zu machen. Dazu gehören auch die alltäglichen Begegnungen an der Supermarktkasse oder im Bus auf dem Weg zur Arbeit.

Das Gründungsteam und die, die dazugekommen sind, erleben so miteinander eine Gemeinschaft, die sie trägt, zu der sie gerne gehören und in der sie sich mit ihren Gaben einbringen können. Das bietet die Chance, dass Menschen eine erste Erfahrung von Kirche machen können.

Authentisch gelebte christliche Gemeinschaft ist dann mindestens genauso überzeugend für das Evangelium wie eine gute Predigt – wenn nicht sogar noch überzeugender.

4. SCHRITT: GLAUBEN ENTDECKEN UND LEBEN

Dadurch, dass man miteinander Leben teilt, entstehen Anknüpfungspunkte für den Glauben. In den alltäglichen Begegnungen bekommen Menschen einen Einblick in das, was uns als Glaubende trägt. Das kann ein kurzer Small Talk sein, der die Frage nach mehr weckt:

„Na, wie geht's? Wie war dein Wochenende?"

„Wir haben am Sonntag einen Ausflug mit unserer Kirchengemeinde gemacht!"

„Ach, geht ihr da regelmäßig hin?"

„Ja ..."

Das kann das schlichte Angebote eines Gesprächs sein, für einen Menschen zu beten. Oder auch das stille Gebet im Hintergrund. Das kann die Erfahrung sein, dass ein Vater merkt, wie ein anderer mit den Problemen seiner Tochter in der Schule umgeht. Oder dass eine Angestellte erlebt, wie die andere die Herausforderungen im Job meistert. In all diesen Momenten kann durchscheinen, wie der Glaube an Gott sich im Alltag auswirkt.

Oder es gibt ein geistliches Angebot, dass so gestaltet ist, dass es Menschen, die dem Glauben bisher fernstanden, einen Raum schafft, Gott zu erleben und Jesus zu begegnen. Ebenso kann es ein Gottesdienst sein, den Christinnen und Christen so miteinander feiern, dass jemand sich auch darin wiederfindet, der normalerweise nicht in die Kirche geht.

Diese Anknüpfungspunkte laden dazu ein, den christlichen Glauben zu entdecken. Sie sind Wegweiser auf einem jeweils individuellen Weg, auf dem Ein-

zelne den Glauben für sich entdecken können. Sie machen neugierig auf eine geistliche Reise, auf der die Reisenden üben können, mit Gott im Alltag zu leben.

Dabei geht jeder Mensch seinen eigenen Weg. Aufgabe des Fresh X-Teams ist es hierbei, die Menschen auf ihrer geistlichen Reise zu begleiten. Wie das genau aussieht und welche Vertiefungsangebote dabei hilfreich sind, wird sich unterwegs herausstellen. Das liegt am jeweiligen Kontext und an der Situation der Menschen.

Was dafür nötig ist, ist zuallererst einmal Geduld. Denn jeder geht diesen Weg in seinem Tempo. Umwege und Sackgassen gehören dazu. Außerdem braucht es Respekt und Achtung vor den persönlichen Entscheidungen der Einzelnen, denn sie gehen immer ihren eigenen Weg. Das übt uns in Gelassenheit.

Denn nicht wir sind es, die jemanden zum Glauben führen, sondern der Heilige Geist, der die Herzen bewegt und der Glauben schenkt.

Geduld, Respekt, Wertschätzung, Gelassenheit und Gottvertrauen sind gute Begleiter für die, die andere auf ihrer Glaubensreise begleiten.

5. SCHRITT: GEMEINDE ENTSTEHT

Irgendwann wird man feststellen, dass eine neue Ausdrucksform von Kirche entstanden ist – eine kontextuelle Form von Gemeinde, eine Gemeinschaft, die Christus in der Mitte hat. Sie ist geprägt vom Evangelium und geformt vom jeweiligen Umfeld. Sie passt hier hin – in den Kiez, die Nachbarschaft, das Netzwerk oder das Milieu.

Dabei werden diese Gemeinschaften sehr unterschiedlich aussehen. Doch an den vier Dimensionen (die in *Kapitel 1* genauer beschrieben sind) ist jede Gemeinschaft als Kirche zu entdecken.

Durch diese Gemeinschaften entdecken Menschen den christlichen Glauben für sich und werden dabei unterstützt, ihre Beziehung zu Gott im Alltag zu leben. In diesen Gemeinschaften pflegen die Menschen vielfältige Beziehungen miteinander und erleben eine Gemeinschaft, die sie trägt und die sie tragen. Diese Gemeinschaften existieren nicht nur für sich, sondern leben in Beziehung zu den Menschen um sie herum. Sie dienen den Menschen in ihrem Umfeld. Diese Gemeinschaften sind für sich ganz Kirche, aber nicht alleine die ganze Kirche. Darum leben sie in Beziehung zur Kirche an ihrem Ort, in ihrer Tradition und weltweit.

Das Gründungsteam kann diese Aspekte von Beginn an im Blick haben. Sie wird die Angebote machen und Formate schaffen, die in ihrem Kontext dazu verhelfen, sich weiterzuentwickeln. Die Menschen, die durch diese Gemeinschaft den Glauben entdecken, werden dies vermutlich erst nach und nach als ihre Gemeinde oder als Kirche wahrnehmen.

DIE REISE GEHT WEITER

Allerdings ist nach der Reise auch vor der Reise. Denn die Reise ist nach diesen fünf Schritten nicht zu Ende.

Die neu entstandene Gemeinde ist nun selbst wieder herausgefordert, neu aufzubrechen. Wenn sie sich fragt, wie sie ihre Beziehungen zur Umwelt und zu ihren Mitmenschen leben kann und wo darin Gottes Auftrag für sie liegt, dann wird sie sich wieder neu auf die Reise machen, aus der heraus sie erwachsen ist. Sie wird dies meist nicht als ganze Gemeinschaft tun. Vielmehr wird sie einzelne Teams auf diese Reise schicken, die dann wieder genau hinhören, Gutes tun und Gemeinschaft leben. Daraus erwachsen wieder Anknüpfungspunkte für den Glauben. Menschen lernen, Glauben zu leben, und eine neue kontextuelle Gemeinde entsteht. Diese wird dann wieder ...

So zumindest die Theorie. Und auch die Notwendigkeit, wenn der missionale Antrieb der Gemeinschaft nicht wieder abebben soll. Diesen sechsten Schritt immer wieder zu gehen, ist eine Herausforderung. Darum ist es hilfreich, wenn die Verantwortlichen diesen Punkt im Blick behalten. Ihre Aufgabe ist es, die Menschen zu ermutigen, wieder neu aufzubrechen und sie dabei auch praktisch zu unterstützen.

Gerade die Motivation derer, die durch die Fresh X den Glauben entdeckt haben, ist ein wertvoller Schatz. Manch einer möchte gerne etwas von dem Guten und dem Glauben, der ihm geschenkt worden ist, zurückgeben. Als Verantwortlicher kann ich dabei den Satz, den der Prophet Jeremia bei seiner Berufung von Gott gesagt bekommt, im Hinterkopf haben: *„‚Sag doch nicht, dass du zu jung bist', antwortete der Herr. ‚Du sollst hingehen, wohin ich dich sende'"* (***Jeremia 1,7a***). Im übertragenen Sinn bedeutet das:

Denk nicht, die Menschen wären zu jung im Glauben; lass sie ziehen, wohin Gott sie sendet.

KEIN MITTEL ZUM ZWECK

Keiner dieser Schritte ist dabei Mittel zum Zweck. Keiner existiert nur, damit der nächste folgen kann. Jeder Schritt ist in sich ein wertvoller Beitrag auf dem Glaubens- und Lebensweg der Menschen, für die ein Gründungsteam da sein will. Mit jedem einzelnen Schritt beteiligt sich ein Team an Gottes Mission in dieser Welt.

Auch wenn der Weg an einer Stelle abbrechen würde, hätte das Team einen wertvollen Beitrag für Gott und die Menschen geleistet. Das nimmt Druck raus und macht wachsam für das Wirken und Reden Gottes, der diesen Weg führt.

AUSFLUGSTIPPS IN DIE MITTE

Zeitfenster, Way to J, GMS

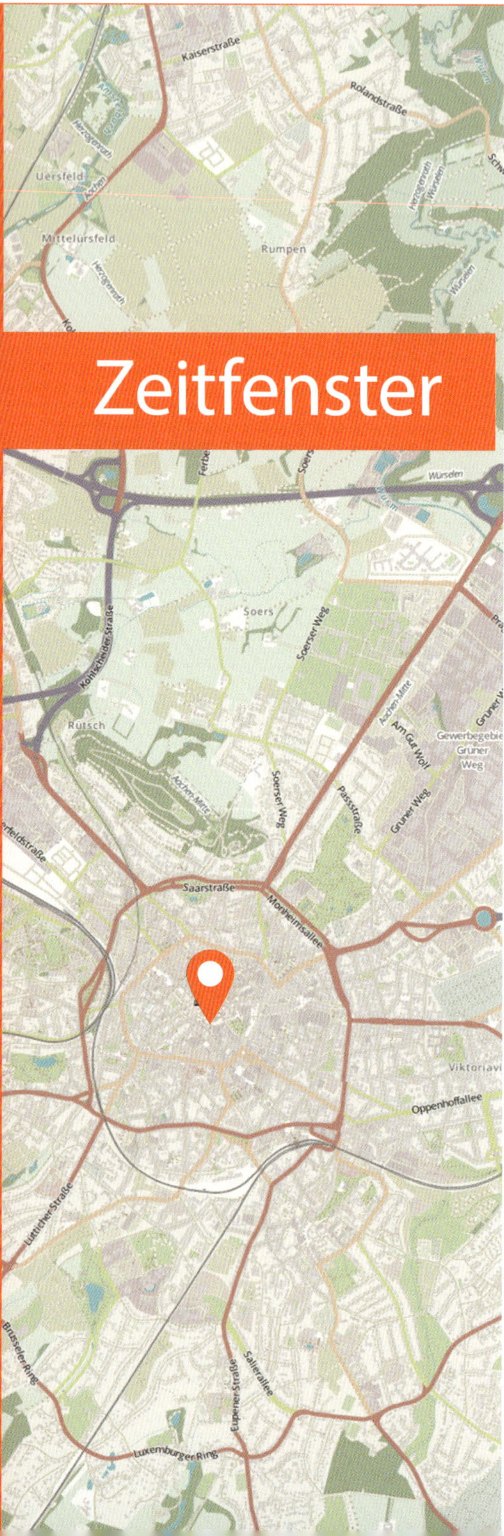

Zeitfenster

20–60 Jahre

Gottesdienst

Städtisches Umfeld

TRÄGER

Kath. Kirchengemeinde Franziska von Aachen

ADRESSE

Kirche St. Foillan
Münsterplatz
52062 Aachen

Postadresse
Pfarrbüro Franziska von Aachen
Ursulinerstr. 1
52062 Aachen

HOMEPAGE

www.zeitfenster-aachen.de

BESONDERS IM BLICK SIND

Besonders im Blick sind Menschen im Alter von 20–60 Jahren aus mittleren bis oberen Milieus, die tendenziell gebildet sind, Vorerfahrungen im Blick auf Kirche oder Spiritualität haben oder zumindest offen dafür sind. Sie sind distanziert gegenüber Formen institutionalisierter Religion und suchen theologische Weite jenseits konfessioneller Grenzen.

KONKRET

Bei Zeitfenster bestimmt der monatliche Gottesdienst mit 200–300 Menschen den Rhythmus. Er beginnt jeden zweiten Freitag im Monat um 20.15 Uhr. Davor gibt es Redaktionstreffen, Musikproben, Video-Drehs, Einkäufe und den Aufbau. Der Kern der Zielgruppe trifft sich zudem monatlich zum Sonntags-Zeitfenster mit Brunch, kreativer Bibelarbeit und Gottesdienst.

AM ANFANG

Am Anfang stand die Erfahrung einiger, dass sie keinen Platz mehr in den bestehenden Gemeinden fanden, aber sehr wohl eine Sehnsucht danach spürten, mit anderen Glauben zu leben. Sie wollten Zeitfenster haben für Gott, die Welt und sich selbst. So entstand der Name, der zu-

gleich Programm ist. Zeitfenster will auf neue Art Kirche in der katholischen Kirche sein. Dafür engagiert sich das Team.

AUF DEN PUNKT GEBRACHT

„Danke, dass es euch gibt. Ihr seid eine Hoffnung für die Kirche."

„Für den Zeitfenster-Gottesdienst fahre ich auch 100 km."

„Ein wärmender und beglückender, bereichernder und wohltuender Gottesdienst, der lange nachhallt."

DAS TEAM

Das Team trifft sich wöchentlich, die erweiterte Crew etwa alle drei Monate zur Crew-Pizza und natürlich bei ihren Aufgaben rund um den Gottesdienst. Sammlungspunkt ist „Time-out", ein Gebet kurz vor dem Gottesdienst. Höhepunkt im Jahr ist ein Retreat-Wochenende für die ganze Crew. Zudem gibt es Arbeitstreffen für Urbane Interventionen und für die Installationen zur Nacht der offenen Kirchen.

Zeitfenster hat eine flache Hierarchie und wird von einem dreiköpfigen Team geleitet – zwei Ehrenamtlichen plus Gemeindereferent, die nicht nur in Theologie, sondern auch in Marketing- und Webdesign sowie Organisationsentwicklung bewandert sind. Zur Gottesdienst-Crew gehören rund 30 Leute.

DAS BESONDERE ...

- ist der Anspruch, das Evangelium so zu erzählen, dass Menschen die Relevanz in ihrem Leben entdecken.
- ist das gelebte Experiment in der katholischen Kirche, das herausfinden soll, wie wir in Zukunft Kirche sein können.
- ist die an Charismen orientierte Arbeitsweise.

EINSICHTEN & ERKENNTNISSE

„Manchmal einfach mutig beginnen, ohne schon zu wissen, wie es umgesetzt werden kann."

„Lernen, immer wieder auf Gott zu vertrauen, und offen und dankbar zu sein, was uns andere schenken."

Way to J.

Mobile Jugendkirche

13–18 Jahre

Jugendarbeit

Ländlicher Raum

TRÄGER

Ev. Dekanat Selters, EKHN

ADRESSE

Way to J.
Saynstrasse 4a
56242 Selters

HOMEPAGE

www.way-to-j.de

BESONDERS IM BLICK SIND

Besonders im Blick sind Jugendliche aus der Region zwischen 13 und 18 Jahren, die sonst nicht in eine Kirche gingen – Schülerinnen und Schüler, aber auch Auszubildende, Kids aus Pflegefamilien, Jugendliche aus Bildungsbürger-Familien, „Ur-Westerwälder" und viele junge Flüchtlinge, inzwischen auch eine ganze Reihe junger Muslime.

KONKRET

Die Jugendkirche trifft sich jeden Donnerstag von 19.00 bis 21.30 Uhr. Zwischendurch – viele haben einen Schlüssel – treffen sich Mitarbeitende untereinander oder mit Jugendlichen im Jugendraum. Das Jahr hindurch gibt es viele Aktivitäten, vom Glühwein- und Bratwurst-Stand beim Weihnachtsmarkt bis zur Demo gegen Terror von rechts oder dem öffentlichen Friedensgebet nach einem Anschlag. Wer möchte, bleibt donnerstags auch mal bis 23.00 Uhr oder 24.00 Uhr. Highlight des Jahres ist die Sommerfreizeit mit Vorbereitungs- und Nachbereitungswochenende.

AM ANFANG

Am Anfang stand die Frage im Raum, wie Jugendliche in dieser ländlichen Region erreicht werden können. Das Hingehen zu (jungen) Menschen ist bis heute ein Kennzeichen von Way to J. Das zeigt sich

u.a. bei Gottesdiensten im Fitnessstudio, auf dem Bolzplatz, dem Marktplatz oder an Karfreitag in der Kneipe. Eine entscheidende Rolle spielen auch die großen Sommerfreizeiten. Hier entstehen tiefe Beziehungen.

„Der Friedenseinsatz in Tottenham war eine der besten Erfahrungen in meinem Leben."

AUF DEN PUNKT GEBRACHT

„Beziehungen sind wichtiger als Programm."

„Die Gute Nachricht ist dann gute Nachricht, wenn sie sich in den schlechten Nachrichten der Welt bewährt."

DAS TEAM

Das Team im engeren Sinn besteht aus sieben Ehrenamtlichen im Alter von 15–26 Jahren: Schülerinnen, Abiturienten, Kfz-Mechatroniker und Azubis. Außerdem ist noch ein Jugendpfarrer dabei. Im Prinzip werden aber alle, die kommen, als Mitarbeitende betrachtet. Donnerstags trifft sich die Jugendkirche im Jugendraum, dienstags treffen sich die Mitarbeitenden zu Hause beim Jugendpfarrer, teilweise auch virtuell als

Telefonkonferenz. Gemeinsames Essen, Unternehmungen, Klettern und Bowling spielen sonst noch eine wichtige Rolle, oft sind auch junge Flüchtlinge dabei.

DAS BESONDERE ...

- ist die Art, wie gesellschaftliche Herausforderungen aufgegriffen werden: z.B. in den jährlichen Aktionen vor Ostern wie „7 Wochen ohne Lügen“ oder „7 Wochen ohne Diktatur“.
- ist die Tatsache, dass Gottesdienste auch mal in der Kneipe und im Fitness-Studio stattfinden.
- ist die schon mehrjährige Arbeit mit Geflüchteten.

EINSICHTEN & ERKENNTNISSE

„Nimm dir Zeit zur Visionsfindung mit denen, die echt interessiert sind.“

„Unternehmt gesellschaftlich relevante Aktivitäten, die wirklich die Menschen erreichen.“

GMS

Verein zur Förderung von geistlichem Gemeindeaufbau, Mission und Sozialwesen

Familien

Freizeitangebote

Ländlicher Raum

TRÄGER

GMS e.V.

ADRESSE

Gemeindezentrum Frommetsfelden
Hürbeler Str. 10
91578 Leutershausen

HOMEPAGE

www.gms-verein.de

BESONDERS IM BLICK SIND

Durch den GMS-Kindergarten sind besonders junge Familien mit ihren Kindern in dem ländlich und dörflich geprägten Umfeld im Blick. Die drei Jungschargruppen und die Jugendgruppe erreichen Kinder und Jugendliche, und zum Gottesdienst in freier Form kommen alle Altersgruppen.

KONKRET

Das eigene Gemeindezentrum ist seit 2008 zum zentralen Ort geworden. Dort finden an jedem ersten und dritten Samstagabend im Monat die Gottesdienste statt. An jedem zweiten und vierten Montagabend ist Gebetskreis, jeden Freitag treffen sich die Jungschargruppen und der Jugendkreis. An jedem vierten Sonntag gibt es nachmittags „Kaffee & mehr". Sieben Hauskreise treffen sich unter der Woche. Übers Jahr verteilt gibt es Seminare für Ehepaare, Seelsorgeschulungen, Konzerte, Tanzabende, Candle-Light-Dinner und den Familien-Mutmachtag. Der Kindergarten (mit Montessori-Pädagogik) ist von Montag bis Freitag ganztags geöffnet.

AM ANFANG

Zu Beginn entdeckte eine Gruppe Jugendlicher mit dem Ortspfarrer und seiner Frau, wie faszinierend es ist, Je-

sus nachzufolgen und miteinander Gemeinde zu leben. Das war Anfang der 70er-Jahre. Andere sollten auf diesem Weg mitgenommen und von der Liebe Gottes berührt werden. Immer stärker wuchs dann auch die Vision, als Gemeinschaft im ländlichen Raum ein seelsorgerlicher Zufluchtsort für andere zu sein.

AUF DEN PUNKT GEBRACHT

„Langfristige Beziehungen und Gastfreundschaft sind hier besonders ausgeprägt."

„Nachfolge hat hier auch ganz praktische Konsequenzen."

„GMS ist wie eine große Familie."

DAS TEAM

Das Team besteht aus 80 Ehrenamtlichen im Alter von 45-55 Jahren und 20 Mitarbeitenden im Alter von 16-30 Jahren. GMS hat 14 Angestellte (Kindergarten, Äußere Mission, Seelsorge). Rechtlich geführt wird die Arbeit durch Vorstand und Vereinsmitglieder, die Gemeinschaft durch ein Leitungsteam und einen Koordinationskreis.

Die Mitarbeitenden treffen sich monatlich an einem Sonntagabend zu einem

Mitarbeiter-Gottesdienst mit Anbetung, Hören auf Gott und dem Hören aufeinander. Wichtig sind der Austausch und das Gebet füreinander und für Anliegen in den Dienstgruppen. Einmal im Jahr bietet die zweitägige GMS-Klausur Zeit zur Reflektion, zum Austausch und zur neuen Ausrichtung auf Gott. Alle zwei Jahre gibt es eine gemeinsame Urlaubswoche. Alle wichtigen Entscheidungen sollen transparent und in Einheit getroffen werden, sodass Zeit, Geduld und offene Kommunikation im Umgang miteinander ausschlaggebend sind.

DAS BESONDERE ...

- ist die Eigenständigkeit der Gemeinschaft, die Teil der evangelischen Landeskirche in Bayern ist.
- ist der christliche Kindergarten mit Schwerpunkt Montessori-Pädagogik.
- ist die Förderung sozialer Projekte im Landkreis und im Ausland (z.B. in Rumänien, Indien und Brasilien).

EINSICHTEN & ERKENNTNISSE

„Lerne auf Gott und die anderen zu hören."

„Lass dich nicht entmutigen von Misserfolg und Widerstand."

AUFBRUCH IN ENGLAND

DIE KIRCHENLANDSCHAFT UND FRESH X

3500 neue Ausdrucksformen von Gemeinde, die sogenannten „Fresh Expressions of Church", werden in England inzwischen gezählt. Da reiben sich zu Recht manche verwundert die Augen. Wie lässt sich das erklären? Wie kam es denn zu dieser Bewegung? Ist das einfach ein göttliches Wunder in unseren Zeiten?

Mancher erinnert sich dann an **Jesaja 43,19a**: *„Seht hin; ich mache etwas Neues; schon keimt es auf. Seht ihr es nicht?"* So fragt dort der Prophet im Auftrag Gottes. Auch die Fresh Expressions-Bewegung kann man so deuten. Spricht man nämlich mit lokalen Pionieren auf der Insel, stellt man schnell fest, dass viele von ihnen eine Art Berufung erlebt haben.

> ***„Der Heilige Geist hat uns neu in das Abenteuer der Mission gelockt",***

sagen sie. Ganz so abwegig ist es also nicht, dieses neuere Kapitel der Kirchengeschichte mit der alttestamentlichen Verheißung in Verbindung zu bringen. Aber natürlich gibt es auch geschichtliche Wurzeln dafür und es waren gesellschaftliche Hintergründe und einzelne Pioniere wichtig. Diese Geschichten sollen hier zur Sprache kommen.

DIE GEBURTSURKUNDE

Die Bewegung „Fresh Expressions of Church" verknüpft sich in England mit dem Jahr 2004 und dem Positionspapier „Mission-shaped Church". Eine zehnköpfige Gruppe unter Vorsitz von Bischof Graham Cray hatte dieses für die Synode der anglikanischen Kirche erarbeitet. Es wurde zum Bestseller – und zu einer Art Geburtsurkunde der Bewegung. In diesem Papier wurde der Ausdruck „Fresh Expressions of Church" einer breiten Öffentlichkeit bekannt gemacht. Die Formulierung fresh wurde dem Wort afresh aus dem Ordinationsgelübde der „Church of England" entlehnt. So wurde schon in der Wahl des neuen Begriffs eine Wertschätzung der kirchlichen Tradition deutlich.

Mit Fresh Expressions of Church wurden alle neuen Formen von Gemeinde bezeichnet, die nicht als Ortsgemeinde strukturiert waren und sich dem neu entdeckten Missionsfeld in England verpflichtet fühlten. Diese neuen Gemeindeformen hatten vor allem diejenigen im Blick, die vorher kaum oder gar nicht mit Kirche in Berührung gekommen waren. Mit Fresh Expressions of Church hatte das Kind einen Namen gefunden. Die englische Fresh X-Bewegung war geboren und wurde nun in der „Church of England" wahrgenommen. Unterstützt von Erzbischof Rowan Williams wurde der Bericht von der Generalsynode angenommen und Beispiele neuer Gemeindeformen, die vorher vielen suspekt vorkamen, jetzt als zukunftsträchtig eingestuft.

In dem Team um Bischof Graham Cray arbeiteten damals bereits Vertreter der methodistischen Kirche, eines kirchlichen Missionswerks (Church Mission Society, CMS) und eines freien Werks (Church Army) intensiv mit. Wie in Deutschland startete also auch in England die Bewegung als gemeinsames Unternehmen über konfessionelle Grenzen hinweg.

EINE ERFOLGSGESCHICHTE

Ganz bewusst endet jedes der sieben Kapitel in „Mission-shaped Church" mit Fragen, Gesprächsimpulsen, Bibeltexten und lokalen Recherche-Aufgaben. Das Buch war für einen breiten Diskussionsprozess auf allen Ebenen gedacht. Und tatsächlich, es wurde fleißig gelesen und diskutiert. Was für kirchliche Publikationen sonst eher selten ist, geschah hier. Mit über 27 000 verkauften Exemplaren wurde der Kirchenbericht zu einem Bestseller auf dem christlichen Buchmarkt.

„Mission-shaped Church" begann aber natürlich nicht bei null. Das Buch schöpfte vielmehr den Rahm der Erfahrungen aus den Aufbrüchen und Experimenten der Jahrzehnte davor ab. Es stellt ein Dutzend Modelle vor, wie Kirche neu Gestalt gewinnen kann. Alle werden sehr plastisch anhand lokaler Beispiele beschrieben und durchaus auch kritisch beleuchtet. Alternative Gottesdienste, die mehr sind als Events und eine eigene Gemeinde um sich sammeln, sind eine erste Kategorie. Dann folgen Basisgemeinden, aus Südamerika inspiriert, und anschließend „Café Churches". Diese finden in säkularen Cafés statt und nehmen die typisch englische Kultur des „Pubquiz" auf, sodass an Tischen so etwas wie eine neue Form von Gottesdienst gefeiert wird. An vierter Stelle stehen „Cell Churches", die sich aus geistlichen Zellgruppen zusammensetzen. Es folgen Gemeinden in sozialen Brennpunkten, die aus einer Arbeit entstanden sind, die sich am Gemeinwesen orientiert, sowie „Wochentags-Gemeinden", die werktags am Morgen, am Abend oder in der Mittagspause zusammenkommen.

Schon 2005 kamen in England auf zehn sonntägliche Gottesdienstbesucher zwei an Werktagen.

Da die anglikanische Kirche auch viele Schulen betreibt, lagen auch Schul-Gemeinden nahe. „Kirche für Suchende" ist ein weiteres Modell, das stark von Willow Creek inspiriert ist. Schließlich beschreibt das Buch noch die Kategorien traditionelle Gemeindepflanzungen, neue ordensähnliche Gemeinschaften und Jugendgemeinden.

Diese Fresh Expressions sind natürlich nur recht zu verstehen, wenn man sich die sozialen Umbrüche und die fortschreitende Säkularisierung in England klarmacht. Darauf geht das Buch ausführlich ein. Ein paar Schlaglichter sollen die dramatischen Veränderungen deutlich machen.

Das Sterben der englischen Kirche

Der Historiker Callum Brown stellt in seinem 2000 erschienenen Buch „The Death of Christian Britain" die provokante These auf, es habe zwar mehrere Jahrhunderte gebraucht, um Britannien zum Christentum zu bekehren, aber für die Nation weniger als 40 Jahre bedurft, um das Christentum wieder abzulegen. Viele Zahlen belegen tatsächlich, dass sich die Kirche einer drastisch wachsenden Zahl an Menschen gegenübersieht, die der Kirche entweder den Rücken gekehrt haben oder nie zur ihr gehörten:

In Zahlen

- Wurden 1900 von 1000 Einwohnern noch 600 getauft, waren es im Jahr 2000 nur noch rund 200.
- 55 % der Kinder gingen im Jahr 1900 in die Sonntagsschule, im Jahr 2000 waren es noch 4 %.
- Gab es in der Church of England 1910 noch 227 135 Konfirmationen,

so sank diese Zahl bis 1997 auf gerade mal noch 40 881.

- Das Durchschnittsalter der Kirchenbesucher in der Church of England stieg von 37 Jahren im Jahr 1980 auf 51 Jahre im Jahr 2010.

Aktuelle Zahlen zeigen, dass sich dieser Trend noch verschärft. So haben die Diözesen Nordenglands allein zwischen 1989 und 2009 30 % ihrer Mitglieder verloren. Und in der Kirche von England ging der Gottesdienstbesuch am Sonntag zwischen 1990 und 2010 um knapp 40 % zurück.

Die Kirche verliert also dramatisch an Einfluss in der englischen Gesellschaft. „Mission-shaped Church" benutzt dafür das Bild vom Emmentaler Käse. Nach außen hin wirke die Kirche noch wie ein solider Block. Bei genauerem Hinsehen aber werden kapitale Löcher sichtbar, große „käsefreie Zonen". Und selbst dieses Bild schmeichelt der Realität ja noch, wenn man die oben genannten Zahlen ernst nimmt. Denn eigentlich dominieren sie ja, die „käsefreien Zonen".

Was heißt das dann für eine Volkskirche, die also Kirche für das ganze Volk sein will? Der Titel des Positionspapiers „Mission-shaped Church" gibt darauf schon eine klare Antwort, und im Vorwort wird betont, dass Kirche immer von Mission gestaltet wird, also „mission-shaped" ist, und zwar in doppelter Hinsicht: Zum einen war Kirche nicht schon immer da, sondern sie entstand erst durch die Mission. Zum anderen ist die Sendung, die

„Missio“, der innerste Kern und das Ziel ihrer Existenz.

Kirche wird in ihrem Wesen nur dann richtig erfasst, wenn man sie als Teil der fortwährenden Mission Gottes sieht.

Kirche wirkt an der großen Bewegung Gottes hin zu seinen Menschen mit. Sie ist sein Werkzeug und gleichzeitig ein Vorgeschmack des Reiches Gottes. Das ist die Berufung von Kirche, das ist ihr Auftrag: „mission-shaped“ zu sein.

Klingt zu abstrakt? Ein solcher Auftrag hat schnell Konsequenzen. Kirche macht dann nicht irgendwann auch mal Mission oder schämt sich womöglich dafür. Im Gegenteil, sie ist ja Frucht dieser Mission Gottes und will selbst an dieser Mission Anteil haben. Sie wird von ihrer „Missio“ her geformt.

Mission neu entdeckt

„Wer bei der Kirche beginnt, verliert leicht ihre Mission aus dem Blick. Wer aber bei der Mission und dem Auftrag startet, der gewinnt Kirche zurück.“ Dieses Zitat aus „Mission-shaped Church“ zeigt, dass dem englischen Aufbruch eine Wiederentdeckung von Mission vorausgeht.

Bereits in den 1980er-Jahren fand diese Rückbesinnung statt. Pfarrer sollten nicht länger allein auf Seelsorge und die gewohnte kirchliche Betreuung der Gemeindeglieder Wert legen. Neben das Hirtenamt sollte für Hauptamtliche, aber auch für die gesamte Kirche, ein missionaler Auftrag treten. Eine Geh-Struktur. Nicht von ungefähr trug ein kirchlicher Bericht aus dem Jahr 1984 den bezeichnenden Titel „Der Mission ihren rechtmäßigen Platz zurückgeben“.

Mission wurde dabei umfassend als Grundauftrag der ganzen Kirche verstanden. Sie wurde schließlich mit fünf Merkmalen näher beschrieben, die von der Generalsynode der anglikanischen Kirche verabschiedet wurden. Diese sogenannten „Marks of Mission“ sind:

Marks of Mission

- die gute Nachricht vom Reich Gottes verkündigen
- neue Gläubige lehren, taufen und ihr Wachstum fördern
- auf menschliche Not reagieren mit Liebe und Dienstbereitschaft
- ungerechte gesellschaftliche Strukturen zu ändern versuchen
- die Integrität der Schöpfung schützen und bei der Bewahrung und Erneuerung der Erde mitwirken

Die Gemeindepflanzungsbewegung

Gehen wir noch weiter zurück. Bereits ab Ende der 1970er-Jahre gab es erste sogenannte Gemeindepflanzungen in der Church of England. Wurden 1978 noch drei Gemeinden gepflanzt, starteten 1983 bereits neun und 1985 war die Zahl auf 15 angestiegen. Ein erstes Treffen zum Thema „Gemeinde pflanzen" fand 1987 in London statt. Aus dieser überschaubaren Veranstaltung wurde in wenigen Jahren eine Konferenz mit mehreren Hundert Engagierten aus unterschiedlichen Konfessionen. Dabei spielte die Anglican Church Planting Initiative (ACPI) rund um Bob und Mary Hopkins eine zunehmend wichtige Rolle. Bis 1992 stieg die Zahl neu gegründeter anglikanischer Gemeinden auf 40 pro Jahr an.

Die Erwartungen waren in diesen Jahren zeitweise immens. Die DAWN-Initiative „Challenge 2000" versammelte im Februar 1992 Vertreter aus 32 Denominationen und gab z.B. als Ziel vor, 20 000 neue Gemeinden bis zum Jahr 2000 zu gründen, was sich schnell als völlig unrealistisch herausstellte. Zumindest aber kam so das Thema „Gemeindepflanzung" überall auf die Agenda. In der Church of England wurde eine Arbeitsgruppe eingesetzt, die 1994 das Buch „Breaking New Ground" herausbrachte.

Dieses kirchliche Positionspapier ist so etwas wie eine erste offizielle Erlaubnis zum Gemeindepflanzen in der Church of England. Auch wenn manche noch bei Gemeindepflanzungen eher die Gefahren sahen und Konflikte rochen, erkannten die meisten, dass nur so der Sendungsauftrag der Kirche erfüllt werden konnte. Die neuen Pflanzungen würden nicht das bisherige System aushöhlen, sondern es ergänzen. „Ergänzen" bedeutete aber, wie einige kommentierten, etwas hinzufügen, das anders ist oder gefehlt hat. Allen war klar, dass dies die anglikanische Kirche nachhaltig verändern würde.

„Breaking New Ground" machte das Thema Gemeindepflanzung in einer breiteren kirchlichen Öffentlichkeit bekannt. Trotzdem war das Buch mehr eine Beschreibung des Status quo und noch keine Vision für die Zukunft.

Spirituell kreativ und vielfältig

Entgegen der großen Hoffnung nahm die Zahl neu gegründeter Gemeinden nach 1992 nicht weiter zu, sondern sank zunächst. Was allerdings stetig wuchs, war eine ungeahnte Vielfalt an neuen Ausdrucksformen von Kirche. Dadurch wurde zwar alles komplexer, aber war das nicht auch ein Zeichen geistlicher Vitalität und kreativer missionarischer Spiritualität? Über die Kirche und ihre Zukunft wurde in neuen Kategorien nachgedacht.

War das bisherige „Church Planting" nur so etwas wie ein Klonen erfolgreicher

Modelle gewesen, das in Wahrheit nur darauf hinauslief, einfach mehr vom Gleichen zu haben? Allen war klar, dass ein Gemeindepflanzungsteam ja nicht wie ein kirchliches Fallschirmjäger-Kommando über fremdem Gebiet absprang, um dort einen christlichen Brückenkopf zu bilden.

Die neuen Formen von Gemeinde mussten mit den Menschen vor Ort aus ihrem Kontext und ihrem Alltag heraus entwickelt werden.

Wurden damit nicht Evangelium und Kontext sozusagen zu Vater und Mutter für ein neues Geschöpf von Gemeinde? Und konnte das nicht auch noch ganz anders aussehen?

Damit stellte sich immer dringlicher die Frage: Was ist denn nun Kirche – und was nicht? Vieles, was lange Zeit selbstverständlich war – die Gottesdienstform, das Sitzen in Reihen, der Sonntag, die Größe einer Gemeinde, die Formen christlicher Gemeinschaft –, wurde infrage gestellt. Kann Gemeinde nicht auch ganz anders sein? Muss sie es nicht sogar, wenn sie im Kontext einer Café-Kultur, einer Jugendszene oder eines sozialen Brennpunkts als Gemeinde authentisch sein will und etwas vom Reich Gottes überzeugend verkörpern soll?

In den ersten Jahren der Gemeindepflanzungen ging man noch davon aus, dass Menschen, die in den neuen Gemeinden zum Glauben kamen, früher oder später in eine „richtige" Gemeinde wechseln würden. Das entpuppte sich rasch als Wunschdenken. Denn die kirchliche Kultur blieb für Menschen, die nicht darin groß geworden waren, einfach fremd. Zug um Zug wurde den Pionieren klar, dass die neuen Ausdrucksformen auch vollwertige Formen von Kirche sind – und in vielen Fällen sogar legitimer sind. Denn sie bauen den Menschen vor Ort eine Brücke zum Evangelium. In ihnen gewinnt Kirche authentisch Gestalt, eben in der je eigenen Sprache und Kultur der Menschen.

Neue kirchliche Vielfalt wurde jetzt nicht länger als Problem gesehen, sondern als gottgegeben, weil ja auch in der Schöpfung Vielfalt und Einzigartigkeit herrschen. Und war Gottes Handeln sowohl an seinem Volk Israel als auch bei seiner Menschwerdung in Jesus Christus nicht ein biblisches Muster dafür, wie Gott sich auf einen spezifischen kulturellen Kontext einlässt?

Neue Gemeinsamkeiten

Unter dem Eindruck dieser Entwicklungen und Fragen entstand 2004 das Positionspapier „Mission-shaped Church". Es stellte nicht nur die bereits erwähnten zwölf Kategorien und damit eine

Vielfalt unterschiedlicher neuer Formen von Kirche vor, sondern zeigte auch die Gemeinsamkeiten auf, die diese Fresh Expressions of Church verbanden:

Gemeinsamkeiten von Fresh Expressions of Church

- gelebte Nachfolge, gelingende Beziehungen und Kleingruppen als zentrale Elemente
- das zentrale Zeitfenster ist nicht länger als der Sonntagmorgen – die Treffen sind flexibler im Blick auf Tag und Uhrzeit
- die Zielgruppe gehört oft zu einem bestimmten Netzwerk, das sich durch Ausbildung, Beruf, Schule oder Freizeitaktivitäten gebildet hat
- Menschen unterschiedlicher Konfession oder ohne kirchlichen Hintergrund werden erreicht, auch wenn das Gründungsteam meist aus einer bestimmten konfessionellen Prägung kommt
- die meisten Fresh Expressions of Church gehören einem landesweiten Netzwerk an oder sind mit vitalen Gemeinden vor Ort verbunden

Die Fresh Expressions-Initiative

Mit den Beschlüssen auf der Synode von 2004 standen allerdings nicht automatisch auch Gelder und Ressourcen zur Verfügung. Diese kamen aus anderer Quelle. Bereits in den 1990er-Jahren hatten sich die Lambeth Partners gegründet, die heute rund 500 vermögende Personen umfassen und sich drei- bis viermal jährlich im Lambeth Palace, der Londoner Residenz des Erzbischofs, zum Gebet treffen. Bei Bedarf beraten sie auch den Erzbischof und helfen beim Fundraising für kirchliche Initiativen. Diese Gruppe steuerte in der Anfangszeit jährlich 100 000 Pfund bei, was eine ganz wesentliche Starthilfe darstellte.

Dr. Steven Croft, heute Bischof in Oxford, wurde noch 2004 vom Erzbischof in die Rolle des „Archbishop´s Missioner", des Missionars des Erzbischofs, berufen. Er investierte erst mal viel Zeit in die Begegnungen mit Engagierten vor Ort, reiste und recherchierte. 2005 startete dann gemeinsam mit der methodistischen Kirche offiziell die Initiative „Fresh Expressions".

Von Anfang an waren Bob und Mary Hopkins von der Anglican Church Planting Initiative (ACPI) und die Church Army in Person von Dr. George Lings im nationalen Fresh Expressions-Team mit dabei. George Lings hatte schon in den Jahren davor in einer umfangreichen Datenbank alles gesammelt, was ihm als Fresh Expressions of Church begegnet war. Mit Norman Ivison konnte zusätzlich ein ehemaliger BBC-Produzent für den Kommunikationsbereich gewonnen werden.

Das Team wuchs zwischenzeitlich auf 15–20 Personen an, wobei weniger als die Hälfte einen vollen Dienstauftrag hatte. Eintägige Fresh X-Konferenzen, sogenannte Visionstage, wurden in jeder Diözese durchgeführt. Ein größerer Kommunikations-Arbeitsbereich entstand, der sich vor allem dem Storytelling, dem Erzählen von Geschichten, verschrieb. Viele Video-Portraits lokaler Fresh Expressions wurden produziert. Auf der englischen Homepage finden sich auch heute noch über 100 Geschichten, die ständig aktualisiert werden.

Neben dem Kommunikations-Team bildete sich ein weiteres für Kompetenz und Training. Dort spielte ab 2007 ein Kursprogramm eine wichtige Rolle, das den Titel „Mission-shaped Ministry" (msm) trägt. Der Kurs läuft über sechs bis acht Monate und schließt in der Regel neben einigen Abenden auch drei Samstage und ein Wochenende mit ein. Der msm-Kurs bildet bis heute das Rückgrat aller Fresh X-Trainingsangebote für Ehrenamtliche. Dabei hat msm eine eigene Organisationsform und ist ein Stück weit unabhängig von Fresh Expressions. Mitte 2016 hatten 3600 Teilnehmende einen der insgesamt 115 Kurse durchlaufen, die jeweils auf ökumenischer Ebene vor Ort durchgeführt werden. Der Kurs bildet so auf lokaler Ebene das nationale Netzwerk ab. Inzwischen wird bei msm auch mit „Flexible Delivery" experimentiert – einem coaching- und bedarfsorientierten Kurs-Programm – und seit 2015 auch mit Online-Kursen.

2009 wurde Fresh Expressions zu einer eigenen „Charity", vergleichbar einem deutschen Verein. Gleichzeitig wurde eine Limited gegründet, eine Art GmbH. Das landesweite Netzwerk der Initiative wuchs. Heute gehören zu den Partnerkirchen die Church of England und die Church of Scotland ebenso dazu wie die methodistische Kirche, die United Reformed Church und die Heilsarmee. Zu den weiteren 14 nationalen Netzwerkpartnern gehören u.a. auch 24/7 Prayer, The Baptist Pioneer Collective oder die Church Mission Society. Alle Partner bringen entweder Stellenanteile oder finanzielle Ressourcen ein, vor allem aber ihre jeweilige Expertise und Stärke.

Die Leitung des nationalen Teams hatte bis 2009 Dr. Steven Croft, dann übernahm der ehemalige Bischof von Maidstone, Dr. Graham Cray, und 2014 folgte Phil Potter als Leiter.

Geschärfte Konturen

Bereits auf der ersten Wegstrecke musste die Initiative klarer definieren, was nun zu den Fresh Expressions zählt und was nicht. Immer mehr Initiativen hatten sich so bezeichnet, ohne die Kernanliegen zu teilen. Der Begriff verbreitete sich schnell und drohte zu einer Worthülse zu verkommen. Die vom englischen Team erarbeitete Definition wurde auch von der deutschen Bewegung 2014 übernommen:

Eine Fresh X ist eine neue Form von Gemeinde für unsere sich verändernde Kultur, die primär für Menschen gegründet wird, die noch keinen Bezug zu Kirche und Gemeinde haben.

Eine Fresh X entsteht dort, wo Menschen auf Gott hören, sich der Lebenswelt anderer zuwenden, ihnen liebevoll dienen, das Evangelium verkörpern und andere in die Nachfolge Jesu führen.

Sie hat das Potenzial, eine neue Gestalt von Kirche zu werden – geprägt vom Evangelium und relevant für ihren kulturellen Kontext.

Deutlich sind hier die fünf Schritte zu erkennen, die zu einer Fresh X führen. Damit wird ein wesentlicher Unterschied zu „klassischen" Gemeindegründungen deutlich. Dort läuft oft alles auf den ersten neuen Gottesdienst hinaus. Dieser Gottesdienst wird als Startpunkt gesehen.

Die fünf Schritte dagegen beschreiben einen induktiven Weg, sodass Gemeinde schrittweise zusammen mit Menschen der Zielgruppe entsteht, die meist mit einer Gottesdienst-Veranstaltung wenig anfangen können, wenn sie nicht kirchlich aufgewachsen sind. Die ersten Schritte sind deshalb das Hören und das Dienen, aus dem heraus sich dann Gemeinschaft bildet. Diese Gemeinschaft bildet die Basis für eine Einladung in die Nachfolge. Am Ende mag es dann auch eine Art von spiritueller Feier geben, aber für eine Fresh Expression steht das eher am Ende als am Anfang.

Ausbildung im Angebot

Parallel zur Bewegung entwickelte sich auch die englische Ausbildungs-Landschaft weiter. 2016 waren auf der englischen Fresh X-Homepage nicht weniger als 12 Programme verzeichnet, die ein „Pioneer Ministry Training" anboten. Einige bilden zum ordinierten Dienst aus, andere nicht; manche führen zu einem Bachelor- oder Master-Abschluss. Fast alle sind als berufsbegleitende Ausbildungen für Pioniere in der Praxis konzipiert. Die Hälfte der Zeit verbringen die Studierenden dann in einer Fresh Expression vor Ort, die andere Hälfte mit Kursen, Online-Modulen und dem eintägigen College-Studium pro Woche. Coaching gehört als zentrales Element dazu und die in der Praxis auftauchenden Fragen werden theologisch reflektiert. „We have a passion for making connections between faith and life", steht in einem Programm – und diese Leidenschaft, Glauben und Leben zu verknüpfen, ist überall spürbar. Kurse gibt es inzwischen landesweit, vom Sarum College bei Southampton über den Londoner Raum und die klassischen Bildungsorte Cambridge und Oxford bis hinauf in den Norden nach Sheffield und Durham. So vielfältig wie die Landschaft der neuen Gemeindeformen ist inzwischen auch die Ausbildungsszene.

Ein neues Miteinander

Den Begriff „Mixed Economy" prägte der spätere Erzbischof von Canterbury Rowan Williams. Traditionelle und neue Formen von Kirche, beides nebeneinander und miteinander, sollen sich in einer „Mixed Economy" wechselseitig ergänzen, befruchten und stärken, um so möglichst viele Menschen mit dem Evangelium von Jesus Christus zu erreichen. Beide Ausdrucksformen sind dann gleichberechtigt, vollwertig und anerkannt. Sie begegnen sich auf Augenhöhe, beten füreinander, fördern sich wechselseitig. Deshalb gilt es, die neuen Ausdrucksformen auch strukturell zu integrieren, um eine eigendynamische, konkurrierende Parallelstruktur zu vermeiden.

Bildhaft wird die „Mixed Economy" als See-Bach-Kirche beschrieben. Dabei steht der See für traditionelle Formen, die ressourcenreich und tief gegründet sind, aber oftmals auch statisch. Die Flüsse und Bäche veranschaulichen die Fresh Expressions, die flexibler und flüssiger sind und neue Gebiete erreichen,

gleichzeitig aber auch auf das Wasser aus den Seen angewiesen sind. Die Seen wiederum brauchen Zuflüsse und Abflüsse, wenn sie nicht früher oder später biologisch tot sein wollen.

„Mixed Economy" lässt sich nur schwer ins Deutsche übersetzen. „Mischwirtschaft" und andere Versuche treffen es nicht. Gedacht ist bei „Economy" eher an den neutestamentlichen Begriff der „Oikonomia" als Verwalter-Tätigkeit und Haushalterschaft. Der Kirche ist das Evangelium anvertraut (vgl. *1. Korinther 9,17*; *Kolosser 1,27*), den Christen sind Gaben und Charismen geschenkt (*1. Petrus 4,10*) und beides gilt es, recht zu verwalten. Eine Kirche, die strukturell und kulturell in einem Einheitsmodell denkt, ist aber kein guter Verwalter dieser göttlichen Gaben, weil sie damit bestimmten Menschen das Evangelium vorenthält. In einer „Mixed Economy" dagegen wird durch das Miteinander von traditionellen und neuen Formen diese Haushalterschaft besser wahrgenommen.

Erfahrungen weitergeben

Allen Pionieren und Theologen der englischen Bewegung ist bewusst, dass es noch viel zu lernen gibt. Ein gutes Wissensmanagement, das den Rahm der neuen Erfahrungen immer wieder abschöpft und dieses Wissen allen zugänglich macht, war von Anfang an wichtig. Über die Online-Plattform „Share" wurde viel geteilt. Eine wichtige Rolle dabei spielen die „Associate Missioners", Pioniere vor Ort, ob mit oder ohne theologische Ausbildung. Inzwischen wurden rund 50 solcher Pioniere als „Associate Missioners" berufen. Die nationale Initiative versammelt sie jedes Jahr für anderthalb Tage. Sie sind die Augen und Ohren an der Basis, sie benennen die Fragen, Entwicklungen und oft auch das unter Schmerzen Gelernte. Eine wesentliche Frucht daraus ist das 2012 erschienene Werk „Church for Every Context" von Dr. Michael Moynagh, der als Dozent in Oxford von Anfang an mit im nationalen Team war. Das fulminante 490-Seiten-Werk ist eine Art „Fresh X-Handbuch" geworden, das Theologie, Praxiserfahrungen und Start-up-Unternehmensphilosophie in einzigartiger Weise vereint.

Wissenschaftlich untersucht

In einer groß angelegten wissenschaftlichen Studie wurden 2012 und 2013 in zehn der 43 Diözesen der anglikanischen Kirche 477 Fresh Expressions in einem anderthalbjährigen Prozess aufwendig untersucht. Die Zahlen zu den Fresh Expressions, die alle zwischen 1992 und 2012 gestartet waren, sind eindrucksvoll. Im Schnitt bildeten sie inzwischen bereits 11,3 % aller Gemeinden einer Diözese, in einer Diözese waren es sogar 23 %. In sieben der zehn Diözesen haben Fresh Expressions den Mitgliederschwund der etablierten Gemeinden kompensiert. 52 % der untersuchten Fresh Expressions wurden von Ehrenamtlichen geleitet.

Vor allem aber belegt die Untersuchung, dass Fresh Expressions wirklich Menschen jenseits bisheriger kirchlicher Milieus erreichen. Von den Beteiligten hatten vorher nur 25 % eine engere kirchliche Bindung. Oft sind dies die Mitglieder des Gründungsteams. 35 % dagegen wurden von ihrem Hintergrund her als kirchenfern eingestuft. Sie hatten teilweise früher Kontakt zur Kirche, diesen aber weitgehend verloren, und gingen höchstens noch an Heiligabend zur Kirche. Erstaunliche 40 % aber sind kirchenfremd, also Menschen, die in einer Fresh Expression überhaupt erstmals einen Kontakt zur Kirche fanden.

Auch zwei weitere Faktoren machten Hoffnung: Die neuen Formen von Kirche sind stark auf Kinder, Teenager und junge Erwachsene ausgerichtet. Knapp die Hälfte der Personen, die zu ihnen gehören, ist jünger als 16 Jahre – in traditionellen Gemeinden betrug der Anteil der jungen Zielgruppe dagegen nur 19 %. Und es wurde deutlich, dass Jahr für Jahr mehr Fresh Expressions starteten. 2012 wurden vier Mal so viele gegründet wie im Jahr 2004. Auch dem kritischen Einwand, Fresh Expressions seien „Eintagsfliegen", widersprachen die Zahlen. Die „Sterberate" im untersuchten Zeitraum von 1992–2012 lag bei 9,7 %.

Zukunftsträchtig

Inzwischen hat die Bewegung nicht nur in Deutschland Fuß gefasst. Anfang 2016 startete ein schwedisches Fresh X-Team mit der Arbeit. Und bei der dritten „Fresh Expressions International Conference" im Februar 2016 in Kapstadt waren 390 Delegierte vertreten. Neben Ländern wie Großbritannien, Deutschland, Schweiz und Schweden kamen sie auch aus den USA, Australien und sieben afrikanischen Ländern. Bemerkenswert war auch die konfessionelle Bandbreite, die Anglikaner, Lutheraner und Reformierte ebenso einschloss wie Methodisten, Presbyterianer, Baptisten, einige Katholiken sowie Mitglieder aus Brüder- und Vineyard-Gemeinden.

Gegenwärtig existieren in England rund 3500 Fresh Expressions of Church. Betrachtet man die dynamische Entwicklung, die dieser junge Zweig der englischen Kirche hinter sich hat, dann darf man auf die nächste Dekade gespannt sein.

DIE ENTSTEHUNG DES DEUTSCHEN FRESH X-NETZWERKS

Auch wenn das Fresh X-Netzwerk erst auf eine kurze Geschichte zurückschauen kann, so werden in diesem Kapitel einige der wichtigsten Meilensteine vorgestellt. Wie ist das Netzwerk entstanden? Welche Projekte und Protagonisten gab und gibt es? Und welche Veranstaltungen waren wichtig? Welche Entscheidungen wurden getroffen? Welche Themen wurden bewegt?

1990

SEIT DEN 1990ERN
STUDIENREISEN NACH ENGLAND

Unterschiedliche Gruppen, darunter auch Vertreter von Kirchenleitungen, reisen nach England, um von den Entwicklungen in der anglikanischen Kirche im Blick auf „Church Planting“ und „Mission-shaped Church“ zu lernen. Bis zu 200 Personen versammeln sich bei „Gemeindepflanzungstagen“, und erste Publikationen wie der Sammelband „Gemeinde gründen in der Volkskirche“ (1992) und die Übersetzung eines Buches von Bob Hopkins „Gemeinde pflanzen“ (1996) erscheinen.

SEIT DEN 1990ERN
ARBEITSKREISE CHURCH PLANTING

Zum Teil auf regionaler Ebene, aber auch bundesweit, entstehen Arbeitskreise zum Thema. Sie organisieren Schulungen und starten Initiativen, wie zum Beispiel 2003 „Ecclesia Attractiva". Volker Roschke (AMD Berlin) leitet den Arbeitskreis auf nationaler Ebene, der sich zwei Mal jährlich trifft und das Thema wachhält.

2000

IN DEN 2000ERN
EIN THEMA IN DER FORSCHUNG

In Deutschland setzt sich Michael Herbst, Professor für Praktische Theologie in Greifswald, für die Aufnahme der Idee der Fresh Expressions in den evangelischen Landeskirchen ein. Er veröffentlicht 2006 unter dem Titel „Mission bringt Gemeinde in Form" die deutsche Übersetzung des anglikanischen Bestsellers „Mission-shaped Church". Neben anderen Promovierenden untersucht der badische Pfarrer Markus Weimer speziell die missionstheologischen Entwicklungen vor und nach der Jahrtausendwende in England. In Zürich entsteht am Lehrstuhl für Praktische Theologie eine Dissertation zu Fresh Expressions von Sabrina Müller, die 2016 veröffentlicht wird. Parallel befasst man sich in Reutlingen schon sehr früh mit denselben Fragen, etwa in Forschung und Lehre des Praktischen Theologen Achim Härtner. Auf katholischer Seite ist von Anfang an der damalige Regens des Hildesheimer Priesterseminars Christian Hennecke einer der Vordenker für das Thema.

IN DEN 2000ERN
JUGENDKIRCHEN UND -GEMEINDEN

Um die Jahrtausendwende entstehen die ersten Jugendkirchen-Projekte auf katholischer und evangelischer Seite, die Jugendkultur und Kirche in einer neuen Synthese zusammenbringen. Gemeinsam mit den stärker auf Jugendgottesdienste und

Gemeinschaft fokussierten Jugendgemeinden werden hier neue Formen von Kirche schon einmal experimentell ausprobiert.

2011

MÄRZ 2011
KONFERENZ GEMEINDE 2.0

Die Konferenz „Gemeinde 2.0" bringt erstmals explizit die anglikanischen Veränderungen und die deutschen Herausforderungen in Verbindung.

Dazu kommen sechs Protagonisten an einen Tisch, die bis dahin unabhängig agierten: das Evangelische Jugendwerk in Württemberg (EJW), das Netzwerk churchconvention, die Vineyard-Gemeinschaften in Württemberg, das Institut zur Erforschung von Evangelisation und Gemeindeentwicklung (IEEG), das EKD-Zentrum Mission in der Region (ZMiR) und der evangelische Kirchenbezirk Bernhausen, in dem die Konferenz stattfindet.

Circa 850 Personen nehmen an dem zweitägigen Treffen bei Stuttgart teil, bei dem auch die anglikanischen Bischöfe Steven Croft und Graham Cray ihre Erfahrungen und Einsichten weitergeben.

2012

FEBRUAR 2012
1. RUNDER TISCH, KASSEL

Am 10. und 11. Februar 2012 findet in Kassel der erste der sogenannten Runden Tische statt, um die unterschiedlichen Protagonisten zu vernetzen.

Dazu brauchte es einen kleinen Stups aus England. Dieser kam von Bob und Mary Hopkins, die schon vorher viele Male nach Deutschland gereist waren und zusammen mit den erwähnten Bischöfen vermehrt eingeladen wurden. Sie ermutigten zu einer Austausch-Plattform auf deutscher Ebene.

Beim ersten Runden Tisch sind dabei: das Evangelische Jugendwerk in Württemberg (EJW), das Netzwerk churchconvention, die Vineyard-Gemeinschaften in Württemberg, das Institut zur Erforschung von Evangelisation und Gemeindeentwicklung (IEEG), das EKD-Zentrum Mission in der Region (ZMiR), der evangelische Kirchenbezirk Bernhausen, die Evangelische Landeskirche in Württemberg, die Evangelische Landeskirche in Baden, die Evangelisch-lutherische Landeskirche Hannovers, das Bistum Hildesheim, die Evangelisch-methodistische Kirche, die Arbeitsgemeinschaft Missionarische Dienste (AMD), der Gnadauer Gemeinschaftsverband und der CVJM-Gesamtverband. Die Anwesenden einigen sich darauf, „... ein ‚Kraftzentrum' zu schaffen, welches die Initiativen zum Thema bündelt und koordiniert". Dazu wird eine Entwicklungsgruppe eingesetzt.

FEBRUAR–JULI 2012
PILOTKURS IN FILDERSTADT

Der im englischen Kontext bereits häufig durchgeführte Kurs „Mission-shaped Ministy" wird in einem ersten Anlauf ins Deutsche übersetzt. Er will vor allem Ehrenamtliche dazu befähigen, eine Fresh X zu starten. Im Anschluss an Gemeinde 2.0 findet sich ein Team, das diesen Kurs in Filderstadt als Pilotkurs mit 35 Teilnehmenden unter dem Namen „Basis-Training Gemeindeinnovation" durchführt.

SOMMER 2012
KOORDINATION & FINANZIELLE FÖRDERUNG DER JUNGEN BEWEGUNG

Ab Sommer 2012 stellt das EJW Reinhold Krebs mit 30 % frei, um die Entwicklung des Fresh X-Netzwerks auf Bundesebene zu koordinieren. Gleichzeitig können dank der großzügigen finanziellen Unterstützung der US-amerikanischen Maclellan Foundation das Theologen-Ehepaar Michael und Regine Born dafür angestellt werden.

HERBST 2012
NAME & LOGO ENTSTEHEN

Um die Sichtbarkeit des entstehenden Fresh X-Netzwerks zu erhöhen, wählt eine Entwicklungsgruppe das bekannte Fresh X-Logo und das Motto „kirche. erfrischend. vielfältig". Außerdem einigt man sich auf den Namen „Fresh X", wobei das „X" als urchristliches Symbol einerseits auf Christus hinweist, aber auch für das noch Unbekannte steht.

2013

JANUAR 2013
DVD I

Die erste DVD mit 19 Fresh X-Beispielen erscheint und stellt mit kurzen Video-Clips bestehende Fresh X-Initiativen in Deutschland vor. 3000 Exemplare dieser DVD konnten durch die finanzielle Unterstützung der SCM-Stiftung und einiger Netzwerk-Partner produziert und verkauft werden.

JANUAR 2013
KONGRESS „NEUES WAGEN"

In Erfurt findet mit 2500 Teilnehmenden der Kongress „Neues wagen" statt.

Bei diesem Zukunftskongress des Evangelischen Gnadauer Gemeinschaftsverbands, der als Dachverband viele pietistisch geprägte Organisationen verbindet, geht es unter anderem um die „Neugründung und Neubelebung von Gemeinden und Gemeinschaft".

Der anglikanische Bischof Graham Cray und Bob und Mary Hopkins vom englischen Fresh X-Team liefern viele missionale Impulse aus der englischen Fresh X-Bewegung für die Zukunftsüberlegungen auf dem Kongress, der eine nachhaltige Wirkung in der Gemeinschaftsbewegung hat. Zur Vernetzung und Unterstützung entstehen ein bundesweiter Arbeitskreis „Neues wagen" und acht regionale Perspektivgruppen. Ab Anfang 2015 arbeitet Oliver Ahlfeld als Referent für „Neugründungen und Neubelebungen" auf einer neu geschaffenen Stelle.

FEBRUAR 2013
KONGRESS KIRCHE²

Mit 1350 Teilnehmenden findet in Hannover der ökumenische Kongress Kirche² statt. 14 000 virtuell Teilnehmende sind per Livestream dabei. Der Kongress wird vom Bistum Hildesheim und der Evangelisch-lutherischen Landeskirche Hannovers gemeinsam getragen.

Er will, nachdem Gemeinde 2.0 versucht hat, die anglikanischen Erfahrungen für den kirchlichen Kontext in Süddeutschland fruchtbar zu machen, Ähnliches für den norddeutschen Raum tun. Dabei kommen in diesem „ökumenischen Laboratorium für die Zukunft der Kirche" auch andere Impulse aus der weltweiten Kirche vor. Ökumenische Begegnungen und die gemeinsame Suche nach einem Bild künftiger Kirche führten zu diesem Kongress. Dabei gaben drei ökumenische Studienreisen nach England zwischen 2009 und 2011 wichtige Impulse. Durch die positive Dynamik des Kongresses können im Herbst 2013 zwei Projektstellen durch Landeskirche und Bistum eingerichtet werden.

Die katholische Theologin Maria Herrmann und die evangelische Pastorin Sandra Bils unterstützen durch das Projektbüro Kirche² seitdem die Bewegung im Norden. Sie engagieren sich u.a. für die Ausbildung und Begleitung von Pionieren und führen dazu mehrfach den in England bewährten msm-Kurs für den norddeutschen Kontext durch.

FEBRUAR 2013
2. RUNDER TISCH

Beim 2. Runden Tisch wird weiter daran gearbeitet, ein Netzwerk für Fresh X im deutschsprachigen Raum aufzubauen und Vision und Idee weiter bekannt zu machen.

Dabei will das Netzwerk sowohl auf einer lokalen Ebene (z.B. mit Kursen) als auch auf einer regionalen Ebene mit entsprechenden Runden Tischen und der bundesweiten Ebene aktiv sein, um den föderalen Strukturen in Deutschland gerecht zu werden. Das bundesweite Team kümmert sich vor allem um „Kommunikation“, „Kompetenzbildung“ und „Wissensmanagement“. Eine Steuerungsgruppe wird eingesetzt, die die Entwicklungen weiter voranbringen soll.

FEBRUAR 2013
ERPROBUNGSPHASE „FRESH X – DER KURS“

Aus dem „Basis-Training Gemeindeinnovation“ wird „Fresh X – der Kurs“. Auf Grundlage der im Filderstädter Pilotkurs gemachten Erfahrungen werden die Kursmaterialien weiter überarbeitet und an den deutschen Kontext angepasst.

Im Februar startet dann die Erprobungsphase dieses Materials mit einem Kurs in Tübingen. Hier ist u.a. Martin Brändl beteiligt, der seit Herbst 2012 eine Projektstelle „Neue Aufbrüche“ in der Evangelischen Landeskirche in Württemberg übernommen hat. Es folgen Kurse in Freiburg und Lörrach (Südbaden), Reichenbach (Sachsen) und in Heidenheim (Württemberg). Gleichzeitig findet auch der erste Fresh X-Kurs von Kirche^2 in Norddeutschland statt. Erfahrungen aus diesen Kursen fließen in die weitere Kontextualisierung des Materials ein. Unterstützt wird dies durch eine Evaluation der Kurse, die durch das IEEG (Greifswald) in Kooperation mit Clarity Research (USA) ab September 2013 durchgeführt wird.

2014

FEBRUAR 2014
WILLOW-CREEK-LEITUNGSKONGRESS MIT KEYNOTE VON PHIL POTTER

Beim Willow-Creek-Leitungskongress „Zwischenland“ ist der im Oktober 2013 neu berufene Leiter des englischen Fresh X-Teams Phil Potter einer der Hauptredner im Plenum. Sein Thema für die 8000 Teilnehmenden: Fresh Expressions – Innovative Gemeindeformen.

FEBRUAR 2014
LAUNCH DER FX-WEBSITE

Die Website *www.freshexpressions.de* geht an den Start. Auf ihr finden sich seitdem grundlegende Infos, aktuelle Meldungen, die Möglichkeit zur Vernetzung über virtuelle Landkarten und ein Materialbereich.

FEBRUAR 2014
VERÖFFENTLICHUNG DES FRESH X-INTROS

Auf der neuen Website wird nun auch „Fresh X – Das Intro“ veröffentlicht. Es besteht aus fünf Einheiten, die auf interessante und kommunikative Weise Fresh X vorstellen. Das Material steht kostenlos auf der Website zur Verfügung, z.B. für Mitarbeiterschulungen, einen Hauskreis oder die Treffen eines Pfarrgemeinderats zum Thema „Fresh X“.

FEBRUAR 2014
3. RUNDER TISCH

Beim dritten Runden Tisch wurde entschieden, die Mitgliedschaft im Netzwerk verbindlicher zu gestalten. Alle Netzwerk-Partner sind abhängig von der Größe der Organisation auch zu finanziellen Beiträgen bereit. Eine Steuerungsgruppe wird beauftragt, das Jahr hindurch die Aktivitäten weiterzuführen.

Als Partner gehören zu diesem Zeitpunkt folgende Organisationen zum Netzwerk: Arbeitsgemeinschaft Missionarische Dienste, Bistum Hildesheim, Church Convention, CVJM-Gesamtverband, Evangelische Kirche in Mitteldeutschland, Evangelische Kirche von Westfalen, Evangelische Landeskirche in Baden, Evangelische Landeskirche in Württemberg, Evangelischer Gnadauer Gemeinschaftsverband, Evangelisches Jugendwerk in Württemberg, Evangelisch-lutherische Landeskirche Hannovers, Evangelisch-lutherische Landeskirche Sachsens, Evangelisch-methodistische Kirche, Institut zur Erforschung von Evangelisation und Gemeindeentwicklung, Theologische Hochschule Reutlingen und das Zentrum für Mission in der Region.

NOVEMBER 2014
DEZENTRALES TEAM FÜRS NETZWERK

Nachdem durch das beginnende Vikariat Michael und Regine Born Ende Februar das Team verlassen hatten, konnte Ende November 2014 ein neues, dezentral organisiertes Team die Arbeit in den Bereichen „Kommunikation", „Kompetenzbildung" und „Koordination des Netzwerks" aufnehmen.

Dazu gehören: Sabine Sramek (30 %) im Backoffice in Stuttgart, Daniela Mailänder in Nürnberg (25 %) für den Bereich Kommunikation, Daniel Rempe in Essen (25 %) für den Bereich Kompetenzbildung, Tobias Becker in Ludwigsburg (20 %) für die Videoproduktion sowie Carla J. Witt und Patrick Todjeras am IEEG in Greifswald (20 %). Die Teamleitung liegt weiter bei Reinhold Krebs in Stuttgart (50 %). Auch diese Anstellungen wurden durch die fortgesetzte Förderung der Maclellan Foundation möglich.

HERBST 2014
ANIMIERTE CLIPS

Mit der Unterstützung des Hamburger Vereins Andere Zeiten wird der erste von drei animierten Clips veröffentlicht. Diese Clips erklären auf anschauliche Weise die Grundideen von Fresh X, wie zum Beispiel dieser: *https://youtu.be/pPW4JDMVA5o*

2015

FEBRUAR 2015
4. RUNDER TISCH

Beim vierten Runden Tisch wird eine Vereinbarung für Netzwerk-Partner inklusive jährlicher finanzieller Beiträge verabschiedet. Der geschäftsführende Vorstand, den die Steuerungsgruppe im Mai 2014 vor allem für kurzfristig notwendige Entscheidungen benannt hatte, wird bestätigt. Mitglieder in diesem Vorstand sind: Reinhold Krebs (EJW), Markus Weimer (Church Convention), Philipp Elhaus (AMD Hannover) und Birgit Dierks (AMD Berlin, ab Sommer 2015) – sowie bis Frühsommer 2015 Michael Herbst (IEEG). Außerdem wird eine Spurgruppe „Fresh X nach 2017" ins Leben gerufen, die den Auftrag hat, bis Anfang 2017 eine mittelfristig tragfähige Plattform für die deutsche Fresh X-Bewegung auf Bundesebene zu entwickeln.

MAI 2015
WEITERE KURSE

Seit Herbst 2014 läuft bereits der zweite Durchgang des Fresh X-Kurses von Kirche[2]. Außerdem ist im Januar ein Fresh X-Kurs in Stuttgart gestartet. Noch vor dem Sommer startet ein weiterer Fresh X-Kurs in Witten. Es folgen Kurse in Ludwigsburg und Nürnberg.

JUNI 2015
EVANGELISCHER KIRCHENTAG IN STUTTGART

Beim Kirchentag in Stuttgart wird Fresh X einer breiten Öffentlichkeit vorgestellt. Insgesamt finden mehr als zehn Veranstaltungen zum Thema „Fresh X" statt, die meisten davon im „Zentrum Gemeinde". Zum Kirchentag erscheint in Sonderauflage eine Ausgabe des Magazins 3E mit dem Titel „Frische Kirche, die begeistert".

HERBST 2015
FRESH X-BASISMODUL IN GREIFSWALD

Im Wintersemester 2015/2016 und im Sommersemester 2016 findet an der Uni in Greifswald erstmals ein Modul für Studierende statt. Durch Lektüre, Seminare und Vorlesungen, aber auch durch „Feld-Forschung" und eine Studienreise können sie sich so intensiver mit dem Thema Fresh X auseinandersetzen. Dieses Modul soll auch anderen Ausbildungsstätten zugänglich gemacht werden.

2016

JANUAR 2016
DVD II

Zu Beginn des Jahres erscheint die zweite Fresh X-DVD. Sie enthält neben 14 neuen Fresh X-Portraits auch Animationsclips und weiteres Bonusmaterial.

FEBRUAR 2016
5. RUNDER TISCH

Zum 5. Runden Tisch treffen sich 37 Delegierte und Gäste des wachsenden Netzwerkes in Hannover. Aktivitäten der regionalen Partner nehmen deutlich zu. So wird in der Evangelischen Kirche in Mitteldeutschland das große Projekt „Erprobungsräume“ gestartet, in Bayern wurde eine Fresh X-Projektstelle mit Thilo Walz besetzt und auch Barry Sloan von der methodistischen Kirche berichtet von zwei neuen 25-%-Stellen für Fresh X.

Ausgiebig wird der weitere Weg des Netzwerkes bedacht, da die Förderungszusagen von Maclellan 2017 auslaufen und auch das EJW dann die organisatorische Verantwortung abgeben wird. Die Ergebnisse der Spurgruppe werden vorgestellt und diskutiert. Ein schlanker neuer Trägerverein soll ab 2017 den juristischen Rahmen für das ökumenische Netzwerk bilden.

FEBRUAR 2016
SEMINARTAG BEIM LEITUNGSKONGRESS VON WILLOW CREEK

Am Vortag des Leitungskongresses findet ein bundesweiter Fresh X-Seminartag statt. 500 Teilnehmende kommen zu diesem Anlass in das Convention Center nach Hannover.

Der Tag startet mit drei grundlegenden Impulsen im Plenum, bevor Praxisworkshops und Denkwerkstätten ein Forum zum Austausch und zur gegenseitigen Vernetzung bieten.

FEBRUAR 2016
BÜCHER, BÜCHER

Im Frühjahr erscheinen weitere Bücher zum Thema Fresh X, wie z.B. die Doktorarbeit von Sabrina Müller und unter Federführung des IEEG der Sammelband „Fresh X – Frisch. Neu. Innovativ: Und es ist Kirche".

Das EKD-Zentrum für Mission in der Region (Dortmund) bringt für das Netzwerk das Coaching-Buch „Missional führen und leiten" heraus.

Bereits im Herbst 2015 ist der Erfahrungsbericht „Fresh X – live erlebt" von Sebastian Baer-Henney erschienen. Im April 2016 folgt „Fresh X. Das Praxisbuch" als Übersetzung des Buchs „Church for Every Context" von Michael Moynagh.

APRIL 2016
HAUPTAMTLICHEN-KONVENT IN FULDA

Ende April findet ein erster Konvent für alle Hauptamtlichen statt, die auf regionaler oder Bundesebene für Fresh X arbeiten. Kennenlernen, Erfahrungsaustausch und gemeinsame inhaltliche Arbeit sind die Schwerpunkte.

Neben dem Fresh X-Team auf Bundesebene gibt es nun Hauptamtliche mit Fresh X-Dienstauftrag bei der Arbeitsgemeinschaft Missionarische Dienste Berlin, im Bistum Hildesheim, in der Evangelische Kirche in Mitteldeutschland, bei den evangelischen Kirchen von Westfalen, in Württemberg, Baden, Bayern und Hannover, beim Evangelischen Gnadauer Gemeinschaftsverband, im Evangelischen Jugendwerk in Württemberg, in der Evangelischen Jugend Nürnberg, in der Evangelisch-methodistischen Kirche sowie am Institut zur Erforschung von Evangelisation und Gemeindeentwicklung.

SEPTEMBER 2016
ERSTER MULTIPLIKATIONSKURS ZU FRESH X – DER KURS

In Kooperation zwischen Kirche[2] und dem deutschen Fresh X-Netzwerk findet erstmalig ein Multiplikationskurs zum Thema „Fresh X" und „Mission-shaped Church" statt.

Ein Schwerpunkt liegt dabei auf dem Thema „Kontextualisierung" und der Frage, wie es gelingen kann, ein passendes Bildungsangebot für den eigenen Kontext zu entwickeln.

2017

FRÜHJAHR 2017
NEUER VEREIN UND NEUE ORGANISATORISCHE PLATTFORM

Im Frühjahr 2017 wird „Fresh X-Netzwerk e.V." gegründet. Die AMD in Berlin wird zur zentralen Kontaktadresse, das dezentralisierte Team auf bundesweiter Ebene ist aber weiterhin bei verschiedenen Partnern angestellt, sodass die Netzwerk-Struktur erhalten bleiben kann.

ZUKUNFT

Zum Weiterschreiben der Geschichte ...

AUSFLUGSTIPPS IN DEN SÜDEN

H3, laifHof, Café Bohnenheld, Unblack

H3 Kletteranlage

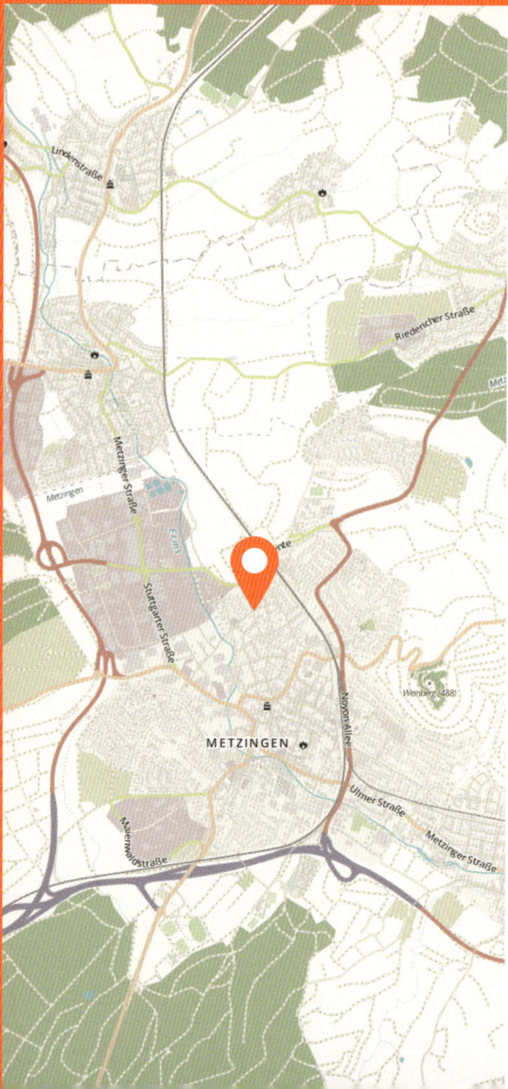

20–40 Jahre

Sport & Freizeitgestaltung

Städtisches Umfeld

TRÄGER

Evangelisch-methodistische Kirche, Metzingen

ADRESSE

H3
Falkenweg 11
72555 Metzingen

HOMEPAGE

www.h3metzingen.de
www.emk-metzingen.de

BESONDERS IM BLICK

Besonders im Blick sind Kletterfreaks und Menschen ohne kirchlichen Hintergrund oder solche, die den Faden zur Kirche verloren haben, sowie die, die verprellt wurden, weil sie durch das traditionelle kirchliche Raster fallen. Dabei liegen dem Team vor allem die 20- bis 40jährigen Erwachsenen am Herzen, die aus dem eher adaptiv-pragmatischen und expeditiven Milieu kommen. Willkommen sind auch Menschen, die einfach mal das Bouldern testen oder an Kletterkursen teilnehmen möchten.

KONKRET

H3 ist von montags bis mittwochs von 18.00 bis 22.00 Uhr, samstags von 14.00 bis 18.00 Uhr und sonntags von 14.00 bis 22.00 Uhr zum Klettern geöffnet. Veranstaltet werden verschiedene Events wie z.B. Slack 'n Snack, ein Sonntagstreff zum Reden, Slacklinen und Grillen. Die Brotzeit findet in regelmäßigen Abständen freitags um 20.20 Uhr als gemütliches Vesper statt – mal mit Livemusik, mal mit einem Vortrag zu einem spannenden Thema.

AM ANFANG

Am Anfang stand die Vision von elf Personen, Gemeinde neu zu denken und erste Schritte zu wagen. Kirche sollte innovativ, vernetzend und relevant gestaltet werden, um Menschen zu helfen,

> *„Wir gehen nicht in die Kirche, wir sind Kirche."*

> *„Die Frage ist nicht: ‚Wo feiern wir das Leben?', sondern eher: ‚Wo feiern wir das Leben nicht?'"*

miteinander und mit Gott in Kontakt zu kommen und in dieser Beziehung konkrete Schritte zu wagen.

AUF DEN PUNKT GEBRACHT

> *„Hochklettern. Herunterkommen. Halt finden."*

DAS TEAM

Hinter H3 steht ein Team von 70 Ehrenamtlichen, überwiegend zwischen 20 und 40 Jahre alt. Die Evangelisch-methodistische Gemeinde Metzingen hat H3 ins Leben gerufen, indem sie ehemalige Kirchenräume für die Kletteranlage zur Verfügung stellte. Zu elft sind die „Visionäre" vom Anfang schon lange nicht mehr. Gottesdienst feiert die Gemeinde inzwischen mit 60 bis 70 Personen im „Schlemmerstüble" (einer Gastwirtschaft).

Kleingruppen finden in Privaträumen oder in den neugestalteten Räumen im Untergeschoß des H3 statt. Mitbegründer und Hauptverantwortlicher der Kletteranlage und der Gemeinde ist ein Pastor. Unterstützt wird er und die 70 Mitarbeiter derzeitig auch von einem jungen Freiwilligen im Rahmen des BFD.

DAS BESONDERE ...

- ist die betriebene Kletteranlage.
- ist die Einfachheit in allem.
- ist die Bescheidenheit: „Wir denken nicht, dass wir was Besonderes machen oder sind ..."

EINSICHTEN & ERKENNTNISSE

„Make it simple. Je einfacher, desto besser."

„Sei ehrlich – mit dir selbst und mit anderen. Es sollte transparent sein, wohin du die Leute bewegen willst."

laifHof

- Alle Generationen
- Freizeitgestaltung
- Ländlicher Raum

TRÄGER

Evangelische Kirchengemeinde Wankheim

ADRESSE

laifHof
Hauptstraße 29
72127 Kusterdingen

HOMEPAGE

www.laifhof.de

BESONDERS IM BLICK SIND

Besonders im Blick sind alle Menschen in dem kleinen Ort Wankheim, in dem der laifHof zu Hause ist. Zu den verschiedenen Aktivitäten kommen ganz unterschiedliche Menschen aus dem näheren Umkreis: Nachbarn, musikalisch Interessierte, in den letzten zwei Jahren auch Flüchtlinge aus der nahe gelegenen Flüchtlingsunterkunft.

KONKRET

Im schalldichten Probenraum, dem ehemaligen Hühnerstall, singt jede Woche der „Projektchor Wankheim" Gospels und zieht auch Neuzugezogene an. Auch die laifHof-Band probt dort für die Gottesdienste und gibt zusammen mit dem Chor jährlich ein Konzert. Neu ist „Gospel laif" mit Musik, Texten, Bibeltheater und Begegnung. Bei den Begegnungs-Nachmittagen („laifTreff") mit Kaffee und Kuchen, Spiel und Spaß werden der Glaube und die biblische Botschaft auf dem Hofgelände erlebnispädagogisch kommuniziert. Jährlich gibt es ein „Fußballturnier" und Binokelabende für Spielfreudige. Der laifHof engagiert sich in den letzten Jahren in der Flüchtlingsarbeit, nachdem in direkter Nachbarschaft eine Gemeinschaftsunterkunft errichtet wurde. Der monatliche „Offene laifHof" wurde zum Treffpunkt für Flüchtlinge, Helfer und Interessierte. Beim Kochen, Essen, Spielen und Reden entstehen neue Freundschaften. Für geistlichen Tiefgang sorgen ein

Hauskreis und besondere Aktionen wie z.B. die „laifNacht" in der Karwoche.

AM ANFANG

Am Anfang fragte sich die Gründer-Familie, die keine Landwirtschaft mehr betrieb, was sie mit dem geerbten Bauernhof anfangen sollten und was Gott sich wohl dabei dachte. Im ersten Fresh X-Pilotkurs bewegten sie die Frage intensiver. Dann standen plötzlich Jugendliche vor der Tür, die ihren Wohnwagen auf dem Wiesengelände abstellen wollten, weil die Polizei ihnen geraten hatte, ihre Treffen vom freien Feld an den sichereren Ortsrand zu verlagern. Stück für Stück wurde klar, dass der Hof zum laifHof werden sollte – einem Hof, auf dem sich Leben entfaltet. Die Lautschrift-Schreibweise („laif") erinnert uns daran, dass wir das Evangelium als befreiende Botschaft vom Leben übersetzen wollen in unseren konkreten Lebensalltag, in unser Umfeld und in unsere Sprache.

AUF DEN PUNKT GEBRACHT

„A warm place …"

„Da kann man in Jogginghose und Hausschuhen kommen, das fällt nicht auf."

„Jedes Mal, egal bei welcher Veranstaltung, fühl ich mich wohl."

„Manche züchten gerne Rosen, und ihr seid so verrückt und gründet den laifHof!"

DAS TEAM

Zum Leitungsteam gehören momentan Annette und Sigmund Braun, Ditsch Kunze, Jürgen Kehrer und Karen Seekamp-Schnieder. Dazu kommen Mitarbeitende in den verschiedenen Bereichen.

DAS BESONDERE ...

- ist die Fülle an Möglichkeiten, die er bietet, sodass sich unterschiedliche Menschen wohlfühlen.
- ist die Lagerfeuerromantik, die Bandprobe und das Singen im umgebauten Hühnerstall.
- ist die stark gemeinwesenorientierte Arbeit.

EINSICHTEN & ERKENNTNISSE

„Beides ist wichtig: Menschen mit Herz und Vision, aber auch Organisationsberatung."

„Ganz nahe bei den Menschen sein, aber auch ganz nahe bei Gott."

Café Bohnenheld

Alle Generationen

Sozialer Treffpunkt

Ländlicher Raum

TRÄGER

Evangelisch-methodistische Kirche
St. Georgen

ADRESSE

Café Bohnenheld
Friedrichstr. 23
78112 St. Georgen

HOMEPAGE

www.bohnenheld.de

BESONDERS IM BLICK SIND

Im Blick sind alle, die gerne guten Kaffee trinken. Besonders willkommen sind Gäste, die am „runden Tisch" mit dem Team reden wollen. Für Kinder gibt es Spielzeug, Malbücher und ein Gratisgetränk. Das Café ist Treffpunkt einer lokalen Fairtrade-Gruppe und einer schulischen Fairtrade-AG. Einmal in der Woche bekommen Migranten einen Deutschkurs.

KONKRET

Der Café-Betrieb läuft montags bis freitags jeweils von 14.30 bis 17.30 Uhr. Monatlich gibt es ein Sonntagscafé. Alle zwei Wochen findet das Frauenfrühstück „Frauenträume" statt, das seine Gäste mit tollem Frühstück und besonderen Impulsen verwöhnt. Einmal im Monat wird im Café der Fresh X-Gottesdienst „coffee & soul" gefeiert: Er startet mit einem gemeinsamen Abendessen, nach dem dann über Gott und die Welt geredet wird. Zudem gibt es immer wieder kulturelle Abendveranstaltungen.

AM ANFANG

Angefangen hat alles damit, dass die Gemeinde nicht mehr auf Menschen warten wollte, die nicht zu ihr kamen. So entstanden zunächst einige Aktionen. Ermutigt durch die gesammelten Erfahrungen suchte das Team nach dauerhafteren We-

gen zu kirchenfernen Menschen. Schließlich wurde beschlossen, ein Café zu eröffnen.

DAS TEAM

Das Team besteht aus ca. 20 Ehrenamtlichen. Manche arbeiten wöchentlich mit, andere auch seltener. Die Altersspanne reicht von 17 bis 77 Jahren. Ein Pastor ist auch mit dabei und bedient einmal die Woche. Geleitet wird das Café von einem Verein (geschäftlicher Bereich) und einer Steuerungsgruppe (inhaltliche Weiterentwicklung des Cafés).

AUF DEN PUNKT GEBRACHT

„Ist das gemütlich hier!"

„Das kinderfreundlichste Café im Schwarzwald."

„Bei euch muss ich mich nicht verstellen."

„Ihr habt Zeit."

„Der beste Espresso nördlich der Alpen."

DAS BESONDERE ...

- ist die kleine Gemeinde, die es geschafft hat, solch eine Fresh X zu starten.

- ist der „runde Tisch“ mit vielen bereichernden Gesprächen über das Leben.
- ist das Motto: „Wir haben Zeit.“
- ist natürlich der exklusive Bohnenheld-Kaffee, der aus einer kleinen Rösterei stammt.

EINSICHTEN & ERKENNTNISSE

„Es braucht manchmal gar nicht so viel, um einen Traum wahr werden zu lassen.“

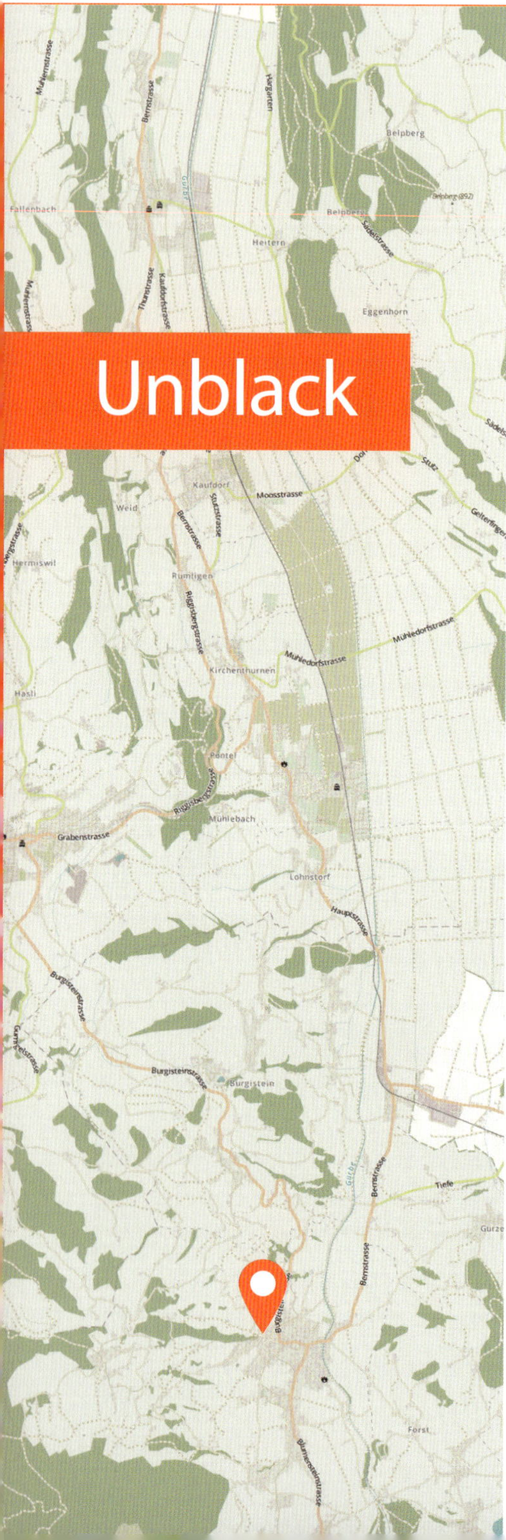

Unblack

Alle Generationen

Kulturprogramm

Ländlicher Raum

TRÄGER

Verein Unblack, Hirschthal AG
(überkonfessionell)

ADRESSE

Samuel Hug
Kirchgasse 13
CH 4704 Niederbipp
Schweiz

HOMEPAGE

www.unblack.ch

BESONDERS IM BLICK SIND

Besonders im Blick sind Personen aus der Metal-Szene, die eine in sich vielfältige Subkultur ist. Hier sind Liebhaber der harten Rock-Musik aus verschiedenen Altersstufen vertreten, die sowohl online vernetzt sind, sich aber auch bei Konzerten und Treffen ganz real begegnen. Verschiedene Arbeitszweige im Unblack-Netzwerk richten sich mal stärker an kirchliche, mal stärker an nicht kirchliche Metaller.

KONKRET

Unblack vernetzt Projekte, Bands und Gemeindeinitiativen. Die „Schwarze Braut" hat freitagabends ihre Bar geöffnet, die Metalchurch bietet am letzten Mittwochabend im Monat „Bibel, Bier & Metal" und feiert viermal im Jahr ihre Gottesdienste. In der Online-Community „Order of Warsheep" leben Einzelne virtuell verbunden ein geistliches Leben im Alltag. Einige gehen einmal im Monat zu Außenseitern auf die Straße.

Konzerte finden regelmäßig statt, u.a. jeden Herbst die „Emerging Metal Night", eine Nachwuchs-Plattform. Zweimal jährlich gibt es ein Austauschtreffen für metalaffine Theologen und jährlich die Mitgliederversammlung inklusive Party. Zentral ist der Austausch im Web-Forum und auf Facebook. Emotionaler Höhepunkt des Jahres ist das „Elements of Rock"-Festival mit Konzerten, Gottesdiensten, Seminaren und Begegnungen.

AM ANFANG

Am Anfang gab es das „Elements of Rock"-Festival – ein christliches Metalfestival mit internationalem Line-Up in der Schweiz, das auch für Nichtchristen attraktiv ist. Rund um das Festival entstanden nach und nach weitere Angebote. Zwischen den Events galt es, online dranzubleiben. Herausfordernd war es, Mitarbeitende zu finden, die kompetent und zuverlässig Aufgaben selbstständig übernehmen konnten.

AUF DEN PUNKT GEBRACHT

„Die Leute werden dort abgeholt, wo sie stehen."

„Gute Musik und starke Message."

„Fragen nach Transzendenz, nach Glauben, nach Gott – die meisten Metaller interessieren sich stark dafür."

DAS TEAM

Bei Unblack können nur Einzelpersonen Mitglied werden. Denn nur über konkrete Beziehungen bleibt das Netz lebendig.

Aktuell gibt es knapp hundert Mitglieder, mit denen unzählige weitere Personen freundschaftlich verbunden sind. Der Vorstand besteht aktuell aus sieben Personen, die alle ehrenamtlich arbeiten. Sie treffen sich sechsmal pro Jahr, davon zweimal in privatem Rahmen, damit auch Zeit für Essen und Gemeinschaft bleibt. Eine niederprozentige Anstellung hat nur Samuel Hug im Rahmen der Metalchurch, die von der reformierten Kirche unterstützt wird.

DAS BESONDERE ...

- ist die „Schwarze Braut“, eine Art Metaller-Gemeinde.
- ist die Tatsache, dass hier Christen in einer kirchenkritischen, aber stark suchenden Szene unterwegs sind.
- ist die intensive Online-Vernetzung über das Netz.

EINSICHTEN & ERKENNTNISSE

„Kritische Selbstreflexion ist wichtig - durch Fehler kann man am meisten lernen ...“

FRESH X - BEISPIELE AUF DVD

Alle Ausflugstipps finden sich auch als Video-Portrait auf dieser DVD.

Insgesamt 14 Praxisbeispiele werden durch kurze Clips vorgestellt und der Herzschlag der Fresh X-Pioniere wird spürbar.

Daneben finden sich auf dieser DVD einige Medien um Fresh X besser zu verstehen oder anderen vorzustellen:

Animierte Erklär-Filme, Präsentationen und fünf komplette Einführungsabende (Fresh X – Das INTRO).

DIE LANDSCHAFT NEU ENTDECKEN

Warum wir eine Kirche in vielfacher Gestalt brauchen

„Unsere Kunden können ihr Auto in jeder Farbe bekommen, solange diese Farbe Schwarz ist", hat der Autobaupionier Henry Ford einmal gesagt. Wer auf die Straße blickt, sieht, dass mit dieser Haltung heute keine Autos mehr verkauft werden. Zu bunt und vielfältig sind die Autos, die heute über unsere Straßen fahren.

Das ist ein Beispiel dafür, wie sich die Gesellschaft, in der wir leben, entwickelt hat. Sie ist bunt und vielfältig geworden. Kein Einheitsbrei, sondern ein bunter Cocktail aus Lebensstilen, Vorlieben und Interessen.

Und die Kirche? Manchmal hat man den Eindruck, wir halten es eher noch mit Henry Ford: Die Menschen können den Glauben in jeder Farbe haben, solange diese Farbe Schwarz ist.

Die Angebote, die wir als Kirche machen, gleichen sich sehr: gleicher Ort, gleiche Zeit, gleiche Musik, gleiche Sprache, gleicher Stil, gleiche Gestaltung und die gleichen Themen.

Doch wir leben in einer Welt, in der die Menschen sich daran gewöhnt haben, so wählen zu können, dass es zu ihnen und ihrem Leben passt.

Ihr Ort, ihre Zeit, ihre Musik, ihre Sprache, ihren Stil und ihre Themen.

EINE VIELFÄLTIGE KIRCHENLANDSCHAFT WÄCHST

Um ihren Auftrag zu erfüllen, braucht die Kirche in unserer Zeit darum genau das: Vielfalt. Sie muss zu einer Kirche in vielfacher Gestalt werden. Sie braucht unterschiedliche Orte, unterschiedliche Zeiten, unterschiedliche Musik, unterschiedliche Sprache, unterschiedlichen Stil, unterschiedliche Gestaltung und unterschiedliche Themen.

Aus diesem Grund entstehen Fresh Expressions of Church. Diese neuen Ausdrucksformen von Kirche wenden sich den Menschen unserer Zeit zu. An ihren Orten. Mit ihrer Sprache. Und mit ihren Themen. Dadurch bekommen Menschen, die dem Glauben bisher fernstanden, eine Chance, ihn für sich zu entdecken. So wächst mehr und mehr eine vielfältige Kirchenlandschaft.

Doch diese Fresh X entstehen nicht, um die bestehenden Gemeinden und kirchlichen Orte abzulösen. Ganz im Gegenteil. Sie werden die bestehenden gemeindlichen Lebensformen ergänzen und bereichern. Denn so unterschiedlich diese verschiedenen Formen von Kirche sind, so entspringen sie jeweils der Liebe Gottes zu seinen Menschen. Ihr gemeinsamer Grund ist Gottes Mission in dieser Welt.

Und dabei brauchen sie einander. Fresh X brechen zu neuen Ufern auf und bereichern so die bestehende kirchliche Landschaft. Die bestehenden Gemeinden schöpfen aus dem Schatz ihrer geistlichen Geschichte und helfen damit, den Fresh X durchzuhalten.

Dieses Miteinander von bestehenden Gemeinden und neuen Ausdrucksformen lässt sich in anschaulicher Weise mit dem Gleichnis vom See und den Flüssen erklären. Werfen wir mal gemeinsam einen Blick auf diese neu entstehende Landschaft:

Der See

Zuerst sehen wir einen See. Still und ruhig liegt er da. Die Sonne glitzert auf seiner Oberfläche. Ein Wasservogel setzt zur Landung an. Das Platschen, das seine Landung verursacht, schreckt den Fischschwarm auf, der sich im Wasser tummelt. Um den See herum grünt es. Die üppige Vegetation bietet einen Lebensraum für viele Tiere und Pflanzen. Und auch Menschen finden hier Ruhe und Erholung. Nicht nur das – er versorgt sie auch mit Trinkwasser, das sie zum Leben brauchen. Der See ist schon lange an diesem Ort. Generationen vor uns haben sich bereits an ihm erholt, sein Wasser getrunken oder in ihm gefischt. Er ist tief – ein großes Wasserreservoir.

Dieser See ist wie die traditionellen Gemeinden und bestehenden kirchlichen Orte. Schon lange sind sie an diesem Platz. Schon Generationen vor uns haben hier gebetet, Leben geteilt und Glauben gefeiert. Immer wieder ist Gott hier Menschen begegnet. Hier wurde Menschen zum Leben verholfen und sie haben Gemeinschaft erfahren. Und immer noch ist das hier ein Platz, der Menschen eine geistliche Heimat bietet, zum Glauben hilft und zur Nachfolge befähigt.

Die bestehenden Gemeinden bestechen durch ihre Verlässlichkeit, ihre reiche geistliche Geschichte und ihre positive Wirkung auf ihr nahes Umfeld. Noch immer versorgen sie Menschen mit Wasser zum Leben.

Die Flüsse

Doch wenn wir unseren Blick ein wenig wandern lassen, dann entdecken wir, dass der See nicht alleine existiert. Wir sehen Flüsse, die mit dem See verbunden sind. Manche von ihnen plätschern dahin, andere fließen mit zügiger Geschwindigkeit. Sie suchen sich ihren Weg durchs Gelände. Sie machen Kurven und Knicke, umspülen manchen Stein, gehen den einen oder anderen Umweg und versiegen auch immer mal wieder. So unterschiedlich sie sind, eins haben sie gemeinsam: Sie bewässern das dürre Land. Wo sie hinfließen, grünt es. An ihren Ufern sprießt – ebenso wie an den Seen – eine üppige Vegetation. Auch sie bieten Lebensraum für Menschen, Tiere und Pflanzen.

Sie bringen Leben an Orte, an denen sonst eine karge Landschaft wäre. Sie versorgen Gegenden, die der See nicht erreichen kann.

Diese Flüsse gleichen den Fresh Expressions of Church. Sie suchen neue Wege zu den Menschen, die bisher von kirchlichen Angeboten nicht erreicht wurden. Sie bieten Menschen, die dem Glauben bisher fernstanden, die Chance, ihn zu entdecken. Sie lassen neue Lebensräume entstehen, an denen Menschen Gott begegnen können. Es sind neue Orte, die geistliche Heimat bieten, zum Glauben helfen und zur Nachfolge befähigen.

Dabei machen sie den einen oder anderen Umweg. Sie finden im Hören auf die Menschen und auf Gott ihren Weg in den jeweiligen Kontext. Und darum sind sie sehr unterschiedlich – je nach Gelände, das sie bewässern, das heißt je nach Kontext, in dem sie das Evangelium verkörpern.

Ihre Stärke ist ihre Flexibilität, sich mit Haut und Haaren auf einen neuen Kontext und seine Menschen einzulassen. Dadurch erreichen sie Menschen, die die traditionellen Gemeinden nicht erreichen.

GEMEINSAM STARK

Wenn wir diese See-Fluss-Landschaft bei heißem Wetter besuchen, dann sehen wir, dass mancher Fluss zu einem kleinen Bach geworden ist. Wenn der See nicht wäre, dann wäre er vielleicht sogar schon längst ausgetrocknet.

Der Fluss braucht die Beständigkeit und den Wasservorrat des Sees. Ebenso brauchen die Fresh Expressions of Church die bestehenden Gemeinden, um auf ihrem Weg in neues, unbekanntes Land nicht auszutrocknen.

Wenn aber die Abflüsse vom See in die Flüsse hinein verstopft sind, dann bekommen die Flüsse kein Wasser mehr. Sie und das Land um sie herum drohen, wieder auszutrocknen.

Doch auch für den See hat das Konsequenzen. Wenn wir genauer hinschauen, sehen wir, dass er grün, moderig und sumpfig geworden ist. Man kann einen müffeligen Geruch wahrnehmen. Der See steht in der Gefahr, zu einem moderigen Tümpel zu verkommen, dessen Wasser nicht mehr genießbar ist.

Der See braucht die Flüsse mit ihrer Flexibilität, ihrer Beweglichkeit und ihrem stetigen Zu- und Abfluss. Ebenso brauchen die bestehenden Gemeinden die Fresh Expressions of Church, um in Bewegung zu bleiben und Menschen zu erreichen, die bisher nicht erreicht wurden.

Eins haben See und Flüsse gemeinsam: Sie transportieren das gleiche Wasser, so wie Fresh X und bestehende Gemeinden die gleiche Botschaft transportieren – Gottes Liebe zu den Menschen.

Flüsse und See bestehen aus dem gleichen Grund: Sie sind beide Gefäße für das Wasser, das sie transportieren.

Und Fresh X und bestehende Gemeinden existieren ebenso aus dem gleichen Grund: um bei Gottes Mission in dieser Welt mitzumachen, indem sie durch die Botschaft von Gottes Liebe zum Leben verhelfen.

DIE GANZE LANDSCHAFT IM BLICK

Lassen wir ein letztes Mal unseren Blick noch ein wenig weiter schweifen: Da ist nicht nur ein See, von dem ein paar Flüsse ausgehen. Nehmen wir die ganze Region in den Blick, dann sehen wir viele verschiedene Seen und Teiche. In unterschiedlicher Größe. Manche näher und andere entfernter.

Und wir sehen auch weitere Flüsse und Bäche, die von diesen Seen und Teichen ausgehen und ihre Wege ins Gelände suchen. Gemeinsam versorgen sie die Region mit Wasser. Gemeinsam tragen sie durch ihre Vielfalt dazu bei, dass ein intakter Lebensraum entsteht.

So ist es auch in der kirchlichen und gemeindlichen Landschaft. Dort ist schon Vielfalt vorhanden. Zuerst einmal bei den traditionellen Gemeinden, die trotz vieler Ähnlichkeiten ihre jeweils spezielle Prägung haben. Und dann gibt es da noch Gemeindepflanzungsprojekte, Jugendkirchen, Funktionspfarrämter, übergemeindliche Dienste, Hauskirchen, Anstaltsgemeinden, City-Kirchen, Klöster, christliche Lebensgemeinschaften und vieles mehr. Und alles in unterschiedlicher Trägerschaft und geistlicher Prägung – evangelisch-landeskirchlich, freikirchlich, katholisch, charismatisch, als CVJM, EC oder landeskirchliche Gemeinschaft.

Fresh X ergänzen und bereichern diese Landschaft. Sie suchen neue Wege zu den Menschen und nach einem Weg, wie sie als Teil dieser vielfältigen Kirche leben können. Denn für sie gilt ebenso wie für alle anderen:

Sie sind ganz Kirche, aber nie die ganze Kirche.

Sie alle brauchen sich gegenseitig, um sich zu unterstützen. Die Menschen brauchen sie, um ihren Glauben zu entdecken und zu leben. Und Gott gebraucht sie, um in einer vielfältigen Gesellschaft die unterschiedlichen Menschen mit seiner Liebe zu erreichen.

Es geht also nicht darum, dass jeder sein Ding macht – weder die Fresh X noch die anderen vielfältigen Formen von Kirche. Vielmehr sind sie gemeinsam herausgefordert, im Miteinander zu überlegen, wie sie in unterschiedlicher und je eigener Weise gemeinsam den Menschen in ihrer Region helfen, Glauben zu entdecken und zu leben.

VIER WEGE ZUR LANDSCHAFTSENTWICKLUNG

Wie das dann genau aussieht, wird je nach Region unterschiedlich sein. Die folgenden vier Ideen können Wege dahin sein, dass diese Vision Wirklichkeit wird.

Vier Wege zur Landschaftsentwicklung

1. Zu zwei Gemeinden gehören
2. Gemeinsame Veranstaltungen
3. Das Ganze erleben
4. Fortwährender Aufbruch und Vernetzung

1. Zu zwei Gemeinden gehören

Kann man eigentlich zu zwei Gemeinden gehören? Der theologische Berater der englischen Fresh X-Bewegung Reverend Dr. Michael Moynagh sagt es so:

„Es steht nichts davon in der Bibel, dass man nicht zu zwei lokalen Gemeinde gehören kann“[6] (Übers. d. A.).

Denn in beiden Fällen gehört er zu dem einen Leib Christi, zur weltweiten Kirche Jesu.

Es spricht also – zumindest aus biblischer Sicht – nichts dagegen, zu einer bestehenden Gemeinde und einer Fresh X zu gehören. Es wäre also möglich, dass sich Einzelne oder eine kleine Gruppe einer bestehenden Gemeinde und einer Fresh X dazu entscheiden, so zu leben. Sie werden dann für sich klären müssen, in welchem Maße und in welcher Weise sie sich wo beteiligen. Aber haben sie diese Frage gut für sich und mit den beiden Gemeinden geklärt, dann können sie ein wichtiges Bindeglied sein.

2. Gemeinsame Veranstaltungen

Die Verbindung zwischen bereits bestehenden Gemeinden und Fresh Expressions of Church kann sich auch durch gemeinsame Veranstaltungen ausdrücken. Gemeinsame Feste, Freizeiten, Seminare oder Aktionen sind hier denkbar. Gerade auch die großen Feste im Kirchenjahr – wie Weihnachten, Ostern oder Pfingsten – eignen sich für gemeinsame gottesdienstliche Feiern.

Wer gemeinsam Gottesdienst feiern will, wird darauf achten, dass die kulturelle Vielfalt der beteiligten Gemeinden berücksichtigt wird. Wahrscheinlich wäre es noch besser, dass die beteiligten Gemeinden im Miteinander einen neuen Stil für den gemeinsamen Gottesdienst entwickeln.

Bob und Mary Hopkins vom englischen Fresh X-Team berichten aus ihrer Erfahrung, dass dabei die unterschiedlichen Musikstile eher ein Stolperstein sind. Gemeinsames Essen hingegen bringt die Leute zusammen. Warum also nicht bei solchen Gottesdiensten die Kirchenbänke aus der Kirche oder die Stuhlreihen aus dem Gemeindehaus räumen? Stattdessen Tische hinein und lange Tafeln aufstellen, an denen dann gegessen und gemeinsam Gottesdienst gefeiert wird.

3. Das große Ganze erleben

Ein weiterer Weg, um das Miteinander beider gemeindlicher Ausdrucksformen zu verwirklichen, ist, für das Gemeinschaftserlebnis zu sorgen: Wir gehören zu einem größeren Ganzen! Wir sind Teil einer weltweiten Bewegung! Wir sind ein Glied am Leib Christi!

Regionale, überregionale, nationale und internationale Events, Kongresse und Veranstaltungen sind eine Möglichkeit, das zu teilen. Weltjugendtage, Christivals, die verschiedenen christlichen und kirchlichen Kongresse sowie Katholikentage und die Evangelischen Kirchentage sind eine Chance, diese Erfahrung zu machen.

4. Fortwährender Aufbruch und Vernetzung

Eine Fresh X bleibt nicht immer ein missionaler Aufbruch. Auch sie wird nach einiger Zeit in die Jahre kommen und sich zu einer bestehenden Gemeinde entwickeln. Das ist der Lauf der Dinge.

Optimalerweise brechen dann jedoch wieder Leute auf. Im besten Fall entstehen dann daraus wieder eine oder mehrere Fresh X.

Doch auch diese neuen Fresh X werden nach einer gewissen Zeit wieder zu bestehenden Gemeinden werden, aus denen dann optimalerweise wieder eine oder mehrere neue Fresh X entstehen. Und so weiter und so weiter und so weiter ...

Gelingt es auf diesem Weg, dass die immer wieder neu entstehenden Gemeinden miteinander in Verbindung bleiben, dann entwickelt sich Stück für Stück eine vielfältige Kirche.

KRITISCH
NACHGEFRAGT
Sieben Fragen und Antworten

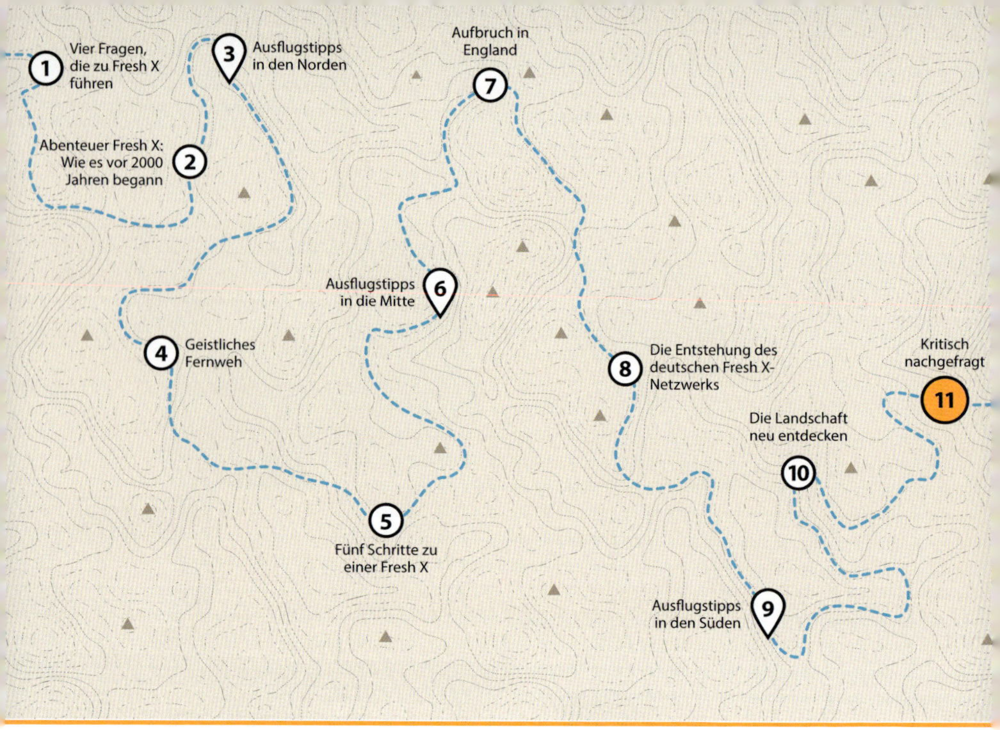

FRESH X STEHT FÜR NEUE FORMEN VON KIRCHE. WAS IST DAS NEUE?

Das Neue an Fresh X sind nicht zuerst die neuen Formen von Kirche, die hier entstehen. Das Entscheidende ist vielmehr die Haltung, aus der sie sich ergeben. Fresh X entstehen dort, wo Christinnen und Christen sich ganz einer Lebenswelt zuwenden. Die Konsequenz, mit der das bei Fresh X geschieht, ist dabei das Entscheidende und Neue.

Hier geht Kirche konsequent in die Lebenswelten von Menschen, verlässt dabei ihre bisherigen Erscheinungsformen und entdeckt mit den Menschen in ihrer Lebenswelt, wie dort christlicher Glaube und Gemeinde aussehen können.

Es wird nicht versucht, Menschen, die durch Fresh X den Glauben entdecken, in bestehende Gemeinden zu integrieren, sondern es sollen in ihren Lebenswelten neue Formen christlichen Lebens entstehen, die wir jetzt noch nicht kennen.

Diese Ergebnisoffenheit und dieses konsequente „Hingehen und Bleiben" zeichnet Fresh X aus. Es ist das Neue und zugleich die Wiederentdeckung einer Haltung, die Christinnen und Christen schon zu biblischen Zeiten gelebt haben.

Schon in den Berichten der Apostelgeschichte lässt sie sich entdecken.

Diese Haltung gehört von den Anfängen her zur DNA der Kirche.

ÜBERALL WIRD GEKÜRZT, GESPART UND FUSIONIERT. SOLLTEN WIR UNS NICHT DARAUF KONZENTRIEREN?

Sich aufs Sparen, Kürzen und Fusionieren zu konzentrieren, greift zu kurz. Damit kann es maximal gelingen, den Status quo zu erhalten. Um unseren Auftrag als Kirche zu erfüllen, sind jedoch neue Aufbrüche und missionale Initiativen notwendig. Wie zum Beispiel Fresh X. Denn, so formuliert die Barmer Theologische Erklärung: „Der Auftrag der Kirche … besteht darin … die Botschaft von der freien Gnade Gottes auszurichten an alles Volk." Mit dem Status quo und erst recht mit dem Abbau erreichen wir jedoch nicht „alles Volk", sondern nur gewisse Milieus innerhalb unserer Gesellschaft.

Wenn man dann noch in Betracht zieht, dass durchaus ein geistliches Interesse und eine spirituelle Offenheit in unserer Gesellschaft wahrzunehmen sind, wird die Notwendigkeit nach neuen Aufbrüchen noch deutlicher.

Neben diesen praktischen Erwägungen gibt es auch einen geistlichen Grund, der Hoffnung macht. Neu aufzubrechen in Zeiten des Abbaus, ist sinnvoll, weil wir an Ostern glauben. Wir glauben an die Auferweckung und vertrauen darauf, dass bei Gott der Tod nicht das letzte Wort hat. Worauf ich für mich in meinem persönlichen Leben als Christ vertraue, darauf baue ich auch in der Entwicklung der Kirche.

„Dying to live!" (dt. „Sterben, um zu leben!") ist ein wichtiger Gedanke innerhalb der Fresh X-Bewegung in England. Dieser geistliche Gedanke knüpft an *Johannes 12,24* an, wo von dem Samenkorn die Rede ist, das in die Erde fällt, stirbt und dadurch dann Frucht bringt. Mit dieser Verheißung im Rücken können wir Altes loslassen und neu aufbrechen, weil wir darauf vertrauen, dass Gott Frucht wachsen lässt, wo wir loslassen.

WIR FINDEN DOCH SCHON KAUM MITARBEITENDE FÜR UNSERE BESTEHENDEN ANGEBOTE. WER SOLL DANN NOCH FRESH X MACHEN?

Es ist gut nachvollziehbar, dass diese Frage auftaucht – gerade bei denen, die sich schon stark engagieren. Da kann schon mal ein Gefühl der Überforderung auftreten. Frei nach dem Motto: Das auch noch!

Doch ganz im Gegenteil: Fresh X kann entlastend und befreiend wirken.

Es geht nämlich nicht darum, auch noch Fresh X zu machen, sondern mithilfe von Fresh X zu fragen, was für uns als Gemeinde wirklich dran ist.

Wie können wir in unserem Kontext Evangelium verkörpern? Was brauchen wir dazu? Und was eben auch nicht?

Werden diese Fragen ehrlich gestellt, dann setzen sie Kraft und Ressourcen frei, weil sie den Blick auf ein Ziel lenken. Und das hilft zu unterscheiden, was notwendig ist und was man getrost lassen kann.

Der Schritt, der sich daraus ergibt, nämlich auch Vertrautes zu lassen, ist vielleicht nicht immer einfach. Das kostet Überwindung und Mut. Manchmal ist auch Trauerarbeit notwendig, und solche Prozesse brauchen Zeit. Doch zugleich kann dadurch auch neue Motivation entstehen, denn der Traum einer Kirche, die neu aufbricht, kann enorm beflügelnd sein. Die starke Vision einer Kirche, die bei den Menschen ist und mit ihnen zusammen Gott entdeckt, kann eine besondere Dynamik entfalten, die wiederum Leute anzieht, die sich vorher nicht engagiert haben.

FRESH X STEHT FÜR VIELFÄLTIGE FORMEN VON KIRCHE. GEHT DABEI NICHT DIE EINHEIT DER KIRCHE VERLOREN?

Zu Fresh X gehört die Vision einer vielfältigen Kirchenlandschaft, in der neu entstehende und bereits existierende Gemeinden sich nicht nur wechselseitig akzeptieren, sondern im gegenseitigen Miteinander leben. Gemeinsam nehmen sie – in je unterschiedlicher Weise – an Gottes Mission teil. Als Einzelne sind sie jeweils ganz Kirche, aber nie die ganze Kirche.

Kirche wird hier als Netzwerk von einzelnen Gemeinden verstanden. Sie ist eine Gemeinschaft von Gemeinschaften. Gemeinsam sind sie der Leib Christi.

Die Einheit zeigt sich dabei nicht in der einzelnen lokalen oder kontextuellen Gemeinde, sondern im Miteinander der einzelnen Gemeinden innerhalb einer Region. Und die Region kann unterschiedlich groß sein.

Dieses Miteinander kann zum Beispiel in einem Kirchenkreis oder einem Dekanat gelebt werden, in einem Bistum oder einer Landeskirche oder in der Gemeinschaft der unterschiedlichen Denominationen und Konfessionen an einem Ort und nicht zuletzt in der weltweiten Kirche Jesu.

In welchen Formen es gelingt, diese Einheit miteinander zu leben, werden die einzelnen Gemeinden in ihrer jeweiligen Region miteinander herausfinden müssen.

FRESH X STEHT FÜR ERFRISCHENDE FORMEN VON KIRCHE. HABEN DIE TRADITIONELLEN ORTSGEMEINDEN DANN BALD AUSGEDIENT?

Nein! Aber sie werden ergänzt von vielen anderen Ausdrucksformen von Kirche.

Wer die kirchliche Landschaft der Zukunft von dieser Position aus betrachtet, der hat weniger einige starke Eichen vor Augen als vielmehr einen breiten Teppich von Bodendeckern, die als einzelne Pflanzen klein sind, aber als ganzer Pflanzenteppich vielfältig, widerstandsfähig, miteinander verbunden und nah bei den Menschen.

Dabei zeichnet sich die Idee von Fresh X eben auch dadurch aus, dass sie bestehende Formen von Kirche wertschätzt und ergänzt, aber nicht ersetzen will. Fresh X und traditionelle Gemeindeformen nehmen an der gleichen Mission Gottes in dieser Welt teil.

Da unsere Gesellschaft jedoch vielfältiger geworden ist, brauchen wir auch die unterschiedlichsten Formen, um diese Mission wahrzunehmen. Fresh X leistet dazu einen Beitrag – in Ergänzung und in Verbindung mit den bestehenden Gemeinden und Kirchen.

Der besondere Beitrag von Fresh X liegt darin, in den Lebenswelten Kirche zu sein und Glauben zu entdecken, in denen Kirche und Glaube bisher – aus vorrangig kulturellen Gründen – nicht vorkommen.

FRESH X TAUCHT IN DIE LEBENSWELTEN DER MENSCHEN EIN. GEHT DABEI NICHT ETWAS VOM EVANGELIUM VERLOREN?

Ganz im Gegenteil – das ist der Weg, auf dem das Evangelium erst bei den Menschen ankommt. Wer mit Menschen in Kontakt kommen will, der muss sich auf ihre Lebenswelt einlassen.

Kontextualisierung, so der Fachbegriff, ist notwendig, wenn ein Fresh X-Team Menschen erreichen möchte, ihnen Gutes tun will und mit ihnen Glauben entdecken und leben lernen möchte. Dabei werden Beziehungen entstehen. Und wer miteinander ins Gespräch kommt, wird sich auf den anderen und seinen Kontext einlassen.

So wie wir uns als Einzelne im Gespräch aufeinander einlassen, muss sich auch eine Fresh X auf ihren Kontext einlassen, um das Evangelium zur Sprache bringen zu können. Ebenso wie Gott sich auf unseren Kontext eingelassen hat, als er in Jesus Mensch wurde, lässt sich eine Fresh X auf den Kontext der Menschen ein, um das Evangelium zu verkörpern.

Dabei wird das Fresh X-Team Spuren Gottes in dem jeweiligen Kontext entdecken. Es wird Zeichen des Reiches Gottes entdecken, das bereits mitten unter uns lebt.

Zugleich wird es erleben, dass zum Beispiel die Werte, die in einem Kontext gelebt werden, im Widerspruch zum Evangelium stehen. Hier kann Kontextualisierung dann auch Widerspruch bedeuten. Die Herausforderung dabei wird dann sein, zu unterscheiden, welche Werte grundlegend aus dem Evangelium entspringen und welche Werte eher etwas mit der eigenen Biografie, dem eigenen Herkunftskontext und der gemeindlichen Vorprägung zu tun haben. Das lockt mich, dass Evangelium auch für mich noch einmal neu zu hören.

BEI FRESH X GEHT ES UM MISSION. WAS HEISST DAS EIGENTLICH?

Fresh X wird von einem ganzheitlichen Missionsverständnis getragen, das den Menschen in allen seinen Beziehungsdimensionen im Blick hat. Diakonisches Handeln und Verkündigung des Evangeliums, Tat und Wort, Gutes tun und zum Glauben einladen, gehören zusammen und sind miteinander verwoben.

Die Mission der Kirche wird von der Mission Gottes her, der Missio Dei, gelebt. Mission heißt, herauszufinden, was Gott bereits in dieser Welt tut, und sich daran zu beteiligen.

Darum geht es dabei um eine umfassende Verkündigung der guten Nachricht vom Reich Gottes, die sich darin zeigt, die Menschen zu unterstützen, den christlichen Glauben zu entdecken und ihn leben zu lernen sowie bei konkreter Not zu helfen, die Schöpfung zu bewahren und ungerechte Strukturen zu ändern.

Fresh X lebt von einer gelebten Frömmigkeit und einer alltagsrelevanten Spiritualität. Fresh X zeichnet sich nicht durch kluge Rezepte aus, sondern entwickelt sich im Hören und Vertrauen auf Gott.

Ein Team, das sich auf den Weg macht, um eine Fresh X zu starten, tut dies in steter Verbindung mit Gott. Beten und Bibellesen, Achtsamkeit und Austausch sind dabei wegweisend.

In welcher Form dies geschieht und aus welcher Frömmigkeitstradition jemand kommt, ist dabei jedoch nicht entscheidend.

PROVIANT FÜR DEN WEITEREN WEG MIT FRESH X

Fresh X – das INTRO: eine Themenreihe

Fünf Einheiten zu Fresh X – ideal für Gemeindeabende, das Mitarbeiterwochenende oder den Hauskreis. Zu jeder Einheit gehören Powerpoint-Präsentation, Clips, Skript und Handout. Die Themen sind:

- Sendung und Mission wiederentdecken
- den Umbruch gestalten
- ein neues Bild von Kirche: Gemeinschaft
- ein neues Bild von Kirche: Nachfolge und Leitung
- Hören und Wahrnehmen – Wie geht es nun weiter?

Kostenloser Download unter
www.freshexpressions.de

40-Tage-Aktion in der Gemeinde

- Teilnehmerheft mit 40 inspirierenden Geschichten
- Vorbereitungshilfen und kreative Bausteine für sechs Gottesdienste
- sechs Powerpoint-Präsentationen für Gruppen und Kreise

Infos unter *www.evangelisationswerk.de/40tagefx*

Fresh X – der Kurs: Basistraining für Ehrenamtliche

Ein Fresh X-Kurs (20-60 Personen) wird von einem Team verschiedener Gemeinden und Organisationen regional angeboten – eine überkonfessionelle Lerngemeinschaft entsteht. Kleine lokale Teams nehmen teil – und versuchen, die Inhalte direkt umzusetzen. Gemeinsam begibt man sich im Kurs für sechs bis acht Monate auf eine innere Reise, wie in diesem Buch beschrieben. Auf diese Weise entstehen missionale Netzwerke in der Region. Der Mut zum Neuaufbruch wird geweckt.

Infos und Kurs-Handbuch unter *www.freshexpressions.de*. Nach Kursvereinbarung stehen Materialien für bis zu 30 Einheiten zur Verfügung.

Weitere Medien

www.freshexpressions.de

Homepage der deutschen Fresh X-Bewegung: Sie hilft bei der Vernetzung (Landkarte für Interessierte und für lokale Fresh

X) und bietet die neuesten Infos sowie eine Anmeldung zum Fresh X-Newsletter. Außerdem viele Infos (zum Kurs, zu Freiwilligendiensten bei englischen Fresh X, zum Netzwerk) und diverse Materialien zum Download.

Clips auf DVD und zum Download

Insgesamt 34 Portraits von lokalen Fresh X-Initiativen finden sich auf den beiden Fresh X-DVDs. Download der Clips unter *www.ejw-buch.de/shop/multimedia/christlicher-film/fresh-x.html*

YouTube-Kanal

Animierte Erklär-Clips zu Fresh X und weitere 20 Videos finden sich unter *https://www.youtube.com/user/FreshXDeutschland*

Das Fresh X - Netzwerk

Zum Fresh X-Netzwerk gehören folgende Partner (Stand 10/2016)

Dachverbände

- AG für missionarische Dienste (AMD) Berlin
- CVJM-Gesamtverband
- EC Deutschland
- Gnadauer Gemeinschaftsverband
- Netzwerk m
- Werk für Evangelisation und Gemeindeaufbau, Österreich

Kirchen & kirchliche Einrichtungen

- Bistum Hildesheim
- EKD-Zentrum Mission in der Region (ZMiR)
- Ev.-Luth. Landeskirche Hannovers (AMD)
- Ev.-Luth. Landeskirche Sachsens
- Evang. Landeskirche Anhalts
- Evang. Landeskirche in Baden (AMD)
- Evang. Landeskirche in Bayern
- Evang. Landeskirche in Württemberg
- Evang. Kirche in Mitteldeutschland
- Evang. Kirche in Westfalen (AMD)
- Evangelisch-methodistische Kirche in Deutschland
- Vereinigte Evangelische Mission, Wuppertal

Freie Werke & Ausbildungsstätten

- Chrischona international
- churchconvention
- CVJM-Hochschule Kassel
- Global Volunteer Service, Korntal
- IEEG/Uni Greifswald
- Institut für Gemeindeaufbau + Weltmission (D)
- Sportler ruft Sportler
- Teach Beyond
- Theologische Hochschule Reutlingen
- Theologisches Studienzentrum Berlin

FRESH X IST AUF UNTERSTÜTZUNG ANGEWIESEN

Gebetsanliegen finden sich in jedem Fresh X-Newsletter.

Spenden

Evangelisches Jugendwerk Württemberg

Konto 405 485 – BLZ 520 604 10

Evangelische Kreditgenossenschaft

IBAN: DE42520604100000405485

BIC/SWIFT: GENODEF1EK1

Kostenstelle 91677 Fresh X

DANK

Unser Dank gilt zuallererst den Fresh X- und missionalen Initiativen, die bereit waren, in diesem Buch ihre Geschichte mit uns zu teilen. Nur durch diese Bereitschaft und ihre praktische Hilfe konnten wir die Ausflugstipps in diesem Reiseführer zusammenstellen. Ihr seid die, die das schon leben, wovon dieser Reiseführer erzählt.

Ein weiterer Dank gilt Martin Brändl (Kapitel 2), Felix Eiffler (Kapitel 7), Carla J. Witt (Kapitel 8) und Patrick Todjeras (Kapitel 12), die uns ihre Texte für dieses Buch zur Verfügung gestellt haben. Danke für eure inspirierenden, klugen und wertvollen Gedanken – und die große Freiheit, eure Texte so zu bearbeiten, dass die Reiseführer-Idee verwirklicht werden konnte.

Außerdem danken wir dem hauptamtlichen Team des deutschen Fresh X-Netzwerks (Daniela Mailänder, Annika Walther, Sabine Sramek, Tobias Becker, Carla J. Witt und Patrick Todjeras) für ihre Unterstützung mit Rat und Tat. Herzlichen Dank für eure konstruktiv-kritische Begleitung auf dem Weg zu diesem Buch.

Darüber hinaus gilt unser Dank Silke Gabrisch, die den Buchbereich des SCM-Verlags leitet. Danke, dass du mit uns an diesem Projekt drangeblieben bist und es mit vorangetrieben hast.

Zugleich bedanken wir uns auch bei unserer Lektorin Annette Penno, die das Manuskript zur textlichen Reife geführt hat. Danke für deine Ideen, deine hilfreichen Wahrnehmungen und dein gutes Gespür für das Anliegen des Textes sowie die Leserinnen und Leser.

Ebenso sind wir David Lehmann zu großem Dank verpflichtet, der die Reiseführer-Idee gekonnt grafisch umgesetzt hat. Ohne ihn wäre dieses Buch nie zu einem Reiseführer geworden.

ANMERKUNGEN

1. Moynagh, Michael (2016): Fresh X – Das Praxisbuch. Brunnen, Gießen, S. 40.

2. vgl. Moynagh, Michael (2016): Fresh X – Das Praxisbuch. Brunnen, Gießen, S. 135.

3. https://www.ekd.de/statistik/gottesdienst.html (evangelische Angaben; zuletzt aufgerufen am 07.10.2016).

   Sekretariat der Deutschen Bischofskonferenz: Katholische Kirche in Deutschland, ZAHLEN UND FAKTEN 2015/16 , S. 48. Download unter: http://www.dbk.de/fileadmin/redaktion/Zahlen%20und%20Fakten/Kirchliche%20Statistik/Allgemein_-_Zahlen_und_Fakten/AH287_Zahlen-und-Fakten-2015-16_internet.pdf (zuletzt aufgerufen am 07.10.2016).

4. https://www.ekd.de/glauben/grundlagen/barmer_theologische_erklaerung.html

5. Brudereck, Christina: Kirche hoch 2, in: Elhaus, Philipp / Hennecke, Christian / Stelter, Dirk / Stoltmann Lukas, Dagmar (Hg): Kirche². Eine ökumenische Vision. Echter, Würzburg 2013, S. 115f.

6. http://freshexpressionsus.org/2014/10/13/four-methods-for-becoming-a-mixed-economy-church.

WEITERFÜHRENDE LITERATUR

- Brown, Callum: The Death of Christian Britain. London 2000.

- Croft, Steven: Gemeindepflanzung in der Anglikanischen Kirche. Von „Breaking New Ground" (1994) zu „Mission-Shaped Church" (2004)." In: Matthias Bartels / Martin Reppenhagen (Hrsg.): Gemeindepflanzung – Ein Modell für die Kirche der Zukunft. Neukirchen 2006, S.86-95.

- Hempelmann, Heinzpeter / Herbst, Michael / Weimer, Markus (Hrsg.): Gemeinde 2.0. Frische Formen für die Kirche von heute, Neukirchen 2011.

- Herbst, Michael: Kirche mit Mission. Beiträge zu Fragen des Gemeindeaufbaus, Neukirchen-Vluyn 2013.

- Herbst, Michael: Mission bringt Gemeinde in Form. Gemeindepflanzungen und neue Ausdrucksformen gemeindlichen Lebens in einem sich wandelnden Kontext. Neukirchen-Vluyn 2006 (Deutsche Ausgabe von „Mission-shaped Church").

- Müller Sabrina: Fresh expressions of Church. In: Kunz, Ralph / Schlag, Thomas: Handbuch für Kirchen und Gemeindeentwicklung, Neukirchen-Vluyn 2014.

- Müller, Sabrina: Mixed Economy of Church: Chancen und Risiken kirchlicher Biodervisität. In: Kohli Reichenbach, C. et. al. (Hrsg): denkMal – Standpunkte aus Theologie und Kirche, Band 8, Zürich 2015.

- Pompe, Hans-Hermann / Todjeras, Patrick / Witt, Carla (Hrsg.): Fresh X - Frisch. Neu. Innovativ: Und es ist Kirche, Neukirchen-Vluyn 2016.